KB098523

독도
공부

* 이 책은 방일영문화재단의 지원을 받아 저술·출판되었습니다.

독도 공부

한 권으로 읽는 독도 논쟁의 모든 것

유석재 지음

교유서가

자신의 사상을 얼음 위에 놓을 줄 모르는 사람은

논쟁의 열기 속에 들어가서는 안 된다.

(독일어 원문: Wer seine Gedanken nicht auf Eis zu legen versteht, der soll sich nicht in die Hitze des Streites begeben. 영역 일례: He who cannot put his thoughts on ice should not enter into the heat of dispute.)

—프리드리히 니체, 『인간적인, 너무나 인간적인』

추천사

이태진
(서울대학교 명예교수, 전 국사편찬위원회 위원장)

유석재 기자는 2003년에 내가 하버드대학교 동아시아학과로부터 강의 초빙을 받아 가게 되었을 때 처음 알게 된 사이이다. 이 학과의 한국사 전공 교수가 한국어로 강의해도 우리 학생들이 다 알아들으니 한 학기 와서 강의해달라고 초청장을 보냈다. 한국사 전공 국내 교수로서는 처음 있는 일이어서 유 기자가 인터뷰 취재를 하였다. 유 기자는 아마 그때 입사 초기였던 것으로 기억한다. 내 포부를 말하라기에 국내 연구 성과를 미국 학생들에게 전하는 기회로 삼겠다는 정도로 답했다. 그런데 며칠 뒤 기사가 '토종' 한국사 전공 교수가 미국 최일류 대학에 한 수 가르치러 간다는 식으로 제목이 붙어 나왔다. 당황스러웠지만 쏟아진 물이라고 여기고 갔는데 초청측의 기색이 역시 별로 좋지 않았다.

이 한 건을 제외하고 유석재 기자는 내 연구 성과를 아주 멋지게 헤아릴 수 없을 정도로 많이 기사화해주었다. 명성황후 시해 사건에 관한 일본 정부측의 최후 현장 조사 기록을 '일본외교사료관'에서 찾아내 보여줬더니 1면을 장식하는 기사로 만들었다. 모두가 시해 장소를 옥호루로 알았지만, 이 조사 보고서는 왕비가 거처인 곤령합에서 왕의 공간인 장안당으로 통하는 마루를 다 지났을 때 미야모토 소위가 뒤따라와 칼로 내리쳐 쓰러트린 다음, 장안당 뒷마당에서 확인 시해하고, 옥호루로 옮긴 것으로 되어 있었다. 이 잔인한 진실이 〈조선일보〉를 통해 처음으로 세상에 알려졌다.

그 후, 서울에 근무하던 일본 신문기자가 『대원군』이란 책을 지어 왕비를 왜곡한 사실을 비판한 글을 발표했을 때도 동지가 되어주었다. 이 책은 왕비를 간악하고 부도덕한 여성으로 그려 자신들의 만행을 변명하려 들었는데, 이 왜곡이 해방 후에도 역사의 진실처럼 전해져 정비석의 소설 『민비』가 이를 더 과장해 국민을 오도하고 있는 사실을 밝히는 글을 썼다. 그리고 맺음말에서 이 소설을 민족의 이름으로 폐기하자는 의견을 적었다. 유 기자가 이 글을 잘 간추려 소개하면서 "누가 명성황후를 두 번 죽이는가?"라는 제목을 달아 문화면을 거의 다 채우다시피 했다. 한국병합의 불법성, 안중근 의거 등에 관한 글을 발표했을 때도 적극적으로 소개해주었다. 이렇게 많이 진 빚을 어떻게 갚을지 오래 속 걱정을 했는데, 며칠 전 유 기자가 전화로 독도에 관한 책을 낸다면서 추천사를 부탁해왔다. 흔쾌히 응했다.

유석재 기자는 고려대학교 동양사학과 출신이어선지, 역사 논문 내용 파악이 아주 빠르다. 그 속도에 '포청천' 같은 정의감을 실어 쏟아 내는 기사는 힘차다. 독도는 망망대해에 솟은 두 개의 작은 바위섬이지만, 일본과의 분쟁으로 얽힌 사연이 섬보다 더 높이 쌓였다. 독도 문제에 관한 한·일 학자 간의 분분한 견해는 전문가도 가리기 어려울 정도로 다양해서 일반 국민이 핵심을 잡기는 쉽지 않다. 유석재의 『독도 공부』는 이 문제점을 말끔히 해결해주는 오랜만에 접하는 양서이다.

십수 년 전 독도아카데미의 고창근 위원장이 학생들을 위한 강의를 부탁해 경복궁 명성황후 시해 현장에 나가서 강의한 적이 있다. 두어 차례 하면서 다음 순서에 유석재 기자 이름이 있는 것을 보고 안심하고는 그만 나오겠다고 사의를 표하였다. 유 기자가 있다면 나까지 계속 나올 필요가 없겠다고 생각했다. 새로 밝힌 역사를 학생이나 시민에게 알리는 것은 매우 중요한 일이다. 그러나 연구자가 이를 겸하기는 쉽지 않다. 새로운 지식을 독서 대중에게 알리는 역할을 하는 분은 많을수록 좋다. 유 기자처럼 문필 생활을 오래 한 사람이 이 역할을 해준다면 금상첨화다. 이 책의 결론 부분의 경고, 독도를 잃으면 다음은 울릉도라는 지적은 과녁에 꽂히는 화살 같다. 이 책이 독도를 지키는 국민의 마음의 간성을 더 튼튼하게 해줄 것을 굳게 믿는다.

책머리에

몇 년 전 교육부 출입 기자 시절의 일이다. 자판기 커피 한 잔 마시며 이런저런 이야기를 나누던 공무원이 문득 한숨을 쉬며 말했다. 일본 교과서의 독도 관련 왜곡이 뉴스로 불거졌을 때였다.

"교육이 문제예요."

무슨 유체 이탈 화법이냐는 표정으로 내가 웃으며 바라보자 그가 말을 이었다.

"독도 문제를 가지고 우리 학생들이 일본 학생들하고 논쟁을 하면 번번이 우리가 깨지니……"

그의 어조는 '번번이'와 '깨지니'에 방점이 찍혀 있었다. 깜짝 놀랐다. 독도 문제와 관련해서는 학교에서 제대로 공부하기만 하면 독도가 왜 우리 영토인지를 논리적이고 설득력 있게 설명할 수 있을 거라고 생각했기 때문이다. 하지만 그의 말은 학교 교육이 그렇게 이뤄지지 않고 있다는 솔직한 토로였다.

필자는 2003년부터 10여 년 동안 신문사 문화부의 학술 담당 기자로 일하면서 100건에 가까운 크고 작은 독도 관련 기사를 썼다. 처음엔 이슈를 따라갔고, 그다음엔 커다란 역사적 흐름을 좇았으며, 나중에는 독도 문제의 맹점과 패턴까지 나름대로 파악하게 됐다. 2008년부터는 시민단체 독도수호국제연대 산하 독도아카데미의 강사로 학생들에게 독도 문제에 대해 가르쳤다.

그러면서 이 문제를 바라보니, 안타깝게도 우리나라 시민과 학생 대부분의 독도 인식은, 칸 영화제 황금종려상을 받은 봉준호 감독의 영화 〈기생충〉에도 그 멜로디가 나오는 노래, 〈독도는 우리 땅〉 가사의 수준을 크게 벗어나지 못하고 있었다. '지증왕智證王 13년 섬나라 우산국'은 독도와 무슨 관계가 있는지, '『세종실록지리지世宗實錄地理志』 50쪽 셋째 줄'에는 어떤 내용이 담겨 있는지, '러일전쟁 직후(사실 시마네현島根縣의 독도 편입은 러일전쟁중에 일어난 일이었다)에 임자 없는 땅이라고 억지로 우기'는 일본측의 논리는 무엇인지 설명하고 또 설명해야 했다. '「태정관 지령太政官指令」'과 '칙령勅令 제41호'를 처음 듣는 사람이 대부분이었고, '한일회담에서 독도를 팔아먹은 것 아니냐'고 묻는 이도 무척 많았다.

국내 연구자 한 사람은 이런 말을 했다.

"정부는 '독도'가 우리 땅이라고 주장하는 것만으로도 독도 교육이 절로 이뤄진다고 여기고, 국민은 애국심만으로 독도를 지킬 수 있다고 여기는 듯하다."

독도 홍보를 담당하는 한국과 일본의 부처 홈페이지를 살펴보면, 그 주장의 진실 여부와는 무관하게 누가 더 '절실'하고 '성실'하게 홍보를 하고 있는지 금세 알게 된다. 일본은 주도면밀하고 호소력을 갖춘 반면 한국은 대체로 무성의하거나 이용하기가 불편하다.

지나치게 간략하지도 어렵지도 않은 서술로, 학자들의 최신 연구 성과를 반영하고, 오직 독도에만 집중해 독도 문제의 논점을 분명히 짚어줄 수 있는 책, 일본인과 독도에 관해 토론을 하면 반드시 이길 수 있도록 도와주는 책, '논쟁 가이드북' 같은 책을 꼭 쓰고 싶었다. 진작 냈어야 할 책을 이제야 낸다. 책을 편집하는 데 국회도서관, 서울대 규장각 등 공공기관이 소장중인 자료들이 유용하게 쓰였다.

빠른 이해를 돕기 위해 「들어가며」에서 ①『세종실록지리지』 ②「태정관 지령」 ③칙령 제41호 ④1965년 한일회담이라는 독도 문제의 '4대 열쇠'를 제시했다. 본문에선 독도와 그 섬을 둘러싼 갈등의 역사를 전근대(1장), 근대(2장), 현대(3장)로 나눠 최대한 이해하기 쉽게 서술했다. 사실 가장 공들여 쓴 부분은 4장인데, '실전實戰! 독도 논쟁 10라운드'란 제목으로 일본인이 독도 문제에서 주로 주장하는 10개 항목을 뽑아, 실제로 일본인과 토론하는 방식으로 '논쟁 가이드북'의 역할을 하게끔 서술했다. 그리고 결론에선 독도 문제에서 많은 사람들이 간과

했던 충격적인 맹점을 제시했다. 그것은 일본이 독도를 노리는 진짜 이유와 관련된 것이다.

시간이 부족한 분은 「들어가며」를 읽은 뒤 바로 4장으로 들어가도 큰 무리가 없겠지만, 되도록 본문을 찬찬히 읽어보며 독도 관련 지식을 증강增强하길 기원한다.

책을 쓰는 동안 한일 관계가 악화되면서 일본의 독도 도발은 예전에는 생각지도 못했을 정도로 노골화됐다. 아베 정부는 "유사시에 독도 상공에 자위대 전투기를 출격시킬 것"이라는 협박까지 서슴지 않았다. 미국은 한국 전투기의 독도 상공 비행에 대해 "비생산적인 일"이라며 또다시 한국을 편들지 않는 모습을 보였다(1949년 이래 독도 문제에서 미국은 결코 한국에 유리한 행동을 취한 적이 없다). 한 여당 의원은 "서해의 함박도를 우리 땅이라고 하는 것은 일본이 독도를 자기 땅이라 우기는 것이나 마찬가지"라는 해괴한 말을 내뱉었다. 평소에 잘 알고 지내던 국내 유명 학자가 1905년 일본의 독도 편입을 정당화하는 듯 보이는 글을 써 책에 싣기도 했다. 그나마 다행인 것은, 이분이 1952년 대한민국의 '독도 실효 지배'를 긍정적으로 보고 있다는 점이다. 좀 지난 일이지만, 또다른 국내 학자는 '역사 화해'의 한 방법으로 '독도 공유론'이라는 어이없는 주장을 내놓기도 했다. 독도를 '실효적으로 지배' 하고 있을 뿐 교육과 홍보에는 손을 놓다시피 한 역대 정부의 태만이 지금 같은 상황을 낳았다고밖에는 볼 수 없다.

지금까지 필자의 독도 관련 취재를 도와주신 많은 분들께 은혜를 입었다. 취재 시간이 그대로 귀중한 강의 시간이 됐을 만큼 늘 아낌없는 가르침을 주신 신용하 교수님, 고故 송병기 교수님, 이상태 교수님, 손승철 교수님, 유미림 선생님과 여러 선생님들께 고개 숙여 감사를 드린다. 재야의 서지학자 고故 오수열 선생님, 여러 배려를 아끼지 않으신 독도수호국제연대의 고창근 위원장님과 김인자 교수님께도 감사의 인사를 올린다. 김태익, 이선민, 이한우, 김기철 님 등 신문사의 여러 선후배들에게서도 분에 넘치는 도움을 받았다. 독도에 대해 새로운 눈을 뜨게 해준 유홍준 전 문화재청장님, 일이 잘 풀리지 않을 때마다 용기를 북돋아준 진옥섭 한국문화재재단 이사장님, 좋은 책을 만들어준 신정민 교유서가 대표와 어벤저스급 능력을 갖춘 편집자, 출판사 직원들께도 감사를 드린다. 추천사를 써주신 이태진 교수님, 정재정 교수님과 이동진 님께는 큰 은혜를 입었다.

끊임없이 참고 기다려주신 아버지 유병철 님과 어머니 조순영 님께 큰절을 올리며 아내 박미정과 딸 유혜민에게 감사를 전한다. 초롱초롱한 눈빛으로 독도 강의를 경청해주었던 독도아카데미 학생들 역시 감사와 사랑의 마음을 전달해야 할 귀인들이다.

2019년 10월

정독도서관에서

유석재

차례

제2장 **칙령 제41호와 일본의 독도 침략**

제3장 **대한민국, 독도를 되찾다**

독도 논쟁의 '4대 열쇠'

독도는 역사적으로 분명한 한국의 영토다.

자, 그런데 일본인을 만나 독도에 대한 이야기를 나누는 도중 그가 '다케시마(독도를 현재 일본에서 부르는 말)는 일본 땅'이라고 주장한다면, 독도가 한국 땅이며 그의 말이 틀렸다는 것을 과연 어떻게 설명해 줘야 할까?

이 책의 뒷부분에 자세한 '실전 논쟁 포인트'가 나오지만, 우선 '네 가지 사실'부터 기억하자. 사실 이것만 제대로 활용해도 일본인들의 억지 주장을 논리적으로 반박할 수 있다. 그 네 가지 키포인트는 '『세종실록지리지』', '「태정관 지령」', '칙령 제41호', '1965년 한일회담'이다.

① 『세종실록지리지』: 우산국=울릉도+독도

신라 지증왕 13년인 서기 512년에 이사부異斯夫 장군이 '우산국于山國'을 정벌해 신라 땅으로 만들었다는 『삼국사기』의 기록은 정광태의 노래 〈독도는 우리 땅〉에도 나올 만큼 잘 알려져 있다. 그런데 일본에는 "너희 역사책에 나오는 '우산국'은 독도가 아니라 울릉도"라는 사람들이 있다. 독도의 옛 이름이 '우산도'여서 헛갈리는 것 같기도 하다.

15세기 책 『세종실록지리지』에는 그에 대한 정답이 분명히 적혀 있다. "우산과 무릉이라는 두 섬이 울진현 동쪽 바다 가운데 있다. 두 섬은 거리가 멀지 않아 날씨가 맑으면 바라볼 수 있다. 신라 때는 우산국이라 불렀다."

여기서 '우산'은 독도, '무릉'은 울릉도의 옛 이름이다. 신라 때 '우산국'은 '무릉'과 '우산'이란 두 섬으로 이뤄졌다는 것을 알 수 있다. 정리하자면 '우산국=무릉도+우산도', 다시 말해 '우산국=울릉도+독도'라는 것이다. 512년 이사부가 우산국을 정벌했을 때 독도도 당연히 함께 신라 땅이 된 것이다.

하지만 일본(과 일부 한국인)은 다른 주장을 하고 있다. 여기 나오는 '우산도'는 독도가 아니라 울릉도 근처에 있는 관음도나 죽도(죽서)라는 얘기다. 하지만 관음도와 죽도는 울릉도와 아주 가까운 곳에 있어서 날씨가 맑지 않은 날에도 볼 수 있기 때문에 『세종실록지리지』의 설명과는 맞지 않는다. 그 기술에 들어맞는 섬은 동해상에 오직 독도뿐이며, 『세종실록지리지』의 구체적인 지리상의 기록은 우산도가 '상상의 섬'이라는 주장 자체를 상상으로 만들어버린다. 그럼 날씨가 맑으면 정말 울릉도에서 독도가 보일까? 인터넷에서 수많은 '인증 사진'을 볼 수 있다.

②「태정관 지령」: 독도는 일본 땅 아니다!

일본은 17세기에 자기들이 독도 주변에서 어업 활동을 하면서 독도 영유권을 확보했다는 '독도 고유 영토론'을 주장하고 있다. 1618년 한 일본 주민이 일본 지방정부에서 '바다를 건너갈 수 있다'는 허가인 '울릉도 도해渡海 면허'를 받았다는 것이다. 하지만 허가를 받아야 갈 수 있었다는 것은 오히려 울릉도와 독도를 일본 땅으로 생각하지 않았다는 증거가 된다. 더구나 안용복安龍福의 활동에 영향을 받은 일본에선 조선 조정과의 줄다리기 끝에 1696년 울릉도와 독도가 조선 영토라는 결론을 내리고 '도해 면허' 자체를 취소했다.

일본의 '고유 영토론'이라는 것이 말이 되지 않는다는 사실을 보여주는 결정적 자료가 바로 일본측 문서인 1877년 「태정관 지령」이다. 태정관은 당시 일본 최고 행정기관이었다.

일본 시마네현은 지적地籍 편찬 과정에서 울릉도와 독도가 자기들 땅인지 아닌지를 일본 정부에 물었다. 그 결과 태정관에선 "울릉도와 한 섬(독도)은 본방本邦(우리 나라)과 관계없음을 명심할 것"이라고 답했다. 독도가 일본 땅이 아니라는 것을 일본 스스로 법적 효력을 지니는 문서에서 인정한 것이다. 문서에 첨부된 약도를 보면 지령의 '한 섬'이란 독도를 가리킨다는 사실이 명백하게 드러난다. 이것은 17세기 조선과 일본이 주고받은 외교문서를 근거로 나온 지령이기 때문에 '독도는 조선 땅'이라는 선언이나 다름없었다.

③ 칙령 제41호: 독도는 대한제국 영토

일본은 러일전쟁중이던 1905년 1월 28일 내각 회의에서 독도를 '주인 없는 땅'인 무주지無主地라 여기고 일본 영토에 편입하기로 결정했다. 이 논리는 뭔가 이상하지 않은가? '17세기에 독도를 고유 영토로 확보했다'는 주장과 앞뒤가 맞지도 않는다. 원래 자기들 고유 영토였다면서 '20세기 초에 보니 주인이 없어서 가져갔다'는 비논리적인 얘기다.

이것은 일본이 한국을 침탈하는 과정에서 일어난 불법적인 일이었다. 무엇보다 '무주지'라는 건 터무니없는 말이었다. 이보다 5년 앞선 1900년 10월 25일에 대한제국이 '칙령 제41호'를 통해서 독도가 대한제국 영토라는 사실을 명백히 했기 때문이다. '칙령 제41호'는 울릉도를 '울도군'으로 승격하면서 울도군의 관할 구역에 '석도石島'가 들어간다고 명기했다. 대한제국이 근대법 형식으로 독도에 대한 직접 주권을 행사했다는 근거다.

'석도'는 어디일까? 19세기 후반 전라도 남해안 어민들이 울릉도로 많이 이주했는데, 이 지방 사투리로는 '돌'을 '독'이라고 한다. 그래서 독도를 본 어민들은 이 섬을 '돌섬'이란 뜻으로 '독섬'이라 했고, 한자어로 적는 과정에서 뜻을 취한 '석도'와 음을 취한 '독도'라는 두 가지 명칭이 생겨났다. 지금도 전남 고흥에는 '독섬', '석도', '독도'란 지명이 모두 존재한다. 그러나 호남 사투리를 모르는 일본 사람들은 아직도 "석도가 왜 독도인지 도무지 이해할 수 없다"는 반응을 보인다.

'칙령 제41호'에는 울도군수가 세금을 징수할 수 있는 권한을 가진다는 조항도 있다. 그럼 당시 독도에서 강치를 잡아가던 일본인들은 어떻게 했을까? 대한제국 울도군수에게 '수출세'를 내고 있었다. 만약 독도가 한국 땅이 아니었다면 그랬을 리 없다. 이것은 분명히 독도에 대한 대한제국의 행정권 행사였다.

④ 1965년 한일회담: 일본은 사실상 독도 영유권을 포기했다

광복 이후 대한민국 정부는 독도가 한국 영토라는 사실을 분명히 했다. 1952년 선포한 '평화선平和線' 안쪽에 독도를 포함했고, 무인도였던 독도에 1955년 독도경비대를 상주시켰다. '실효적 지배effective control 조치'를 취한 것이다. 1948년 정부 수립 이후 1965년까지 17년 동안 한국은 과거 침략국인 일본과 외교 관계를 맺지 않고 있었다. 1960년대 초 양국의 국교 정상화를 위한 회담이 본격화됐다. 어업협정, 청구권 문제, 재일 한국인 법적 지위 등 수많은 문제를 논의해야 했다.

1962년 일본측이 불쑥 '독도에 대해 논의하자'는 말을 들고 나왔다. 당시 사회당 등 일본 내 일부 야당이 한일 국교 정상화에 반대하며 '독도 문제를 해결하라'고 요구했기 때문에, 이를 무마하려는 목적이 컸다. 일본은 우리에게 '독도가 어느 나라 영토인지 국제사법재판소에 판결을 맡기자'고 요구했다.

하지만 한국 정부의 생각은 달랐다. 독도는 원래 한국 고유의 영토이고, 이미 한국이 실효적 지배를 하고 있으니 일본과 협상할 대상이 아니라는 판단이었다. 1962년 박정희 당시 국가재건최고회의 의장이 한일회담의 우리 쪽 대표였던 김종필 중앙정보부장에게 긴급 훈령을 내렸다. "일본측에서 이 (독도) 문제를 제기하는 것은 한국민에게 일본의 대한對韓 침략의 결과를 상기시킨다는 점을 지적할 것."

한국 대표들은 "원래 의제에도 없던 것을 일본이 끄집어내 일을 복잡하게 만든다"는 입장을 고수했다. 결국 일본은 '분쟁 해결에 관한 교환 공문'을 만들어 나중에 이 문제를 다시 꺼내는 쪽으로 전략을 틀었다.

그러나 한국측은 여기에도 쐐기를 박았다. 한일 기본 조약이 체결된 1965년 6월 22일, 한일 양국은 "양국 간의 분쟁은 우선 외교상의 경로를 통해 해결하기로 하며, 그러지 못할 경우에는 양국 정부가 합의하는 조정이나 중재 절차에 의한다"는 내용의 공문을 발표했다. 그런데 이 공문 어디에도 '독도'란 말은 없었다. 한국이 끝까지 입장을 지키며 일본을 압박한 결과였다. 일본이 아무리 '다케시마는 우리 영토'라고 우기며 협상을 하자고 해도, 한국 정부가 '독도는 협상의 대상이 아니다'라는 원칙을 고수하는 한, 일본은 어떠한 실질적인 조치도 취할 수 없게 된 것이다.

지금 와서 '왜 그때 이 문제를 회피해서 일본이 계속 억지 주장을 할 여지를 남겼느냐'고 비판할 수도 있다. 그러나 한편으론 이 과정을 통해 '한국의 독도 실효적 지배'라는 상황이 더욱 굳어졌다는 점을 놓쳐서는 안 된다. 당시 상황에 대해 "한국의 집요한 침묵이 독도를 지켰다", "일본은 1965년 6월 독도 영유권을 사실상 포기했다"는 평가가 나온다.

이 책에 등장하는 주요 섬들

독도獨島

한반도의 부속 도서로 대한민국 국토에서 가장 동쪽에 위치한 섬. 동도東島와 서도西島 두 섬과 89개의 작은 섬들로 이뤄져 있다. 지리적인 위치는 동경 131도 52분, 북위 37도 14분이다. 행정구역명은 경상북도 울릉군 울릉읍 독도리 1~96번지, 도로명 주소는 동도가 '독도이사부길', 서도가 '독도안용복길'이다. 총면적은 18만 7554제곱미터이며 동도가 7만 3297제곱미터, 서도가 8만 8740제곱미터, 부속 도서 및 암초는 2만 5517제곱미터다. 연평균 기온은 약 섭씨 13도, 연평균 강수량은 1000~1300밀리미터 내외다. 인구는 2019년 현재 40명이다. 전체가 천연기념물 제336호 '독도천연보호구역'으로 지정돼 있다.

해저 약 2000미터에서 솟은 용암이 굳으면서 만들어진 화산섬이

독도 전경. 왼쪽 등대 있는 섬이 동도, 오른쪽이 서도다.

독도는 주변 수심 2270m 해저면 위로 솟아 있다. <자료:한국해양연구원>

다. 지질학적 나이로 따지면 독도가 '울릉도의 할아버지'다. 독도는 신생대 3기인 약 460만~250만 년 전에 생겨난 반면, 울릉도는 140만~1만 년 전에 생성됐다. 제주도가 먼 옛날 육지와 연결된 적이 있는 반면, 독도는 울릉도와 함께 수백만 년 동안 육지와 연결되지 않은 '대양섬'이다. 수면 위로 보이는 부분은 작지만 해저면으로부터 2270미터 솟아 있는 거대한 지형의 정상 부분이 독도다.

최고봉이 99.4미터인 동도에는 2개의 화구 흔적이 있고, 정상에는 비교적 평탄한 부분이 있다. 최고봉 174미터인 서도는 꼭대기가 뾰족한 원뿔형이다. 서도 해안에는 많은 동굴이 있다. 서양인들이 19세기에 '리앙쿠르 암Liancourt Rocks'이라는 이름을 붙였으나 암초는 아니고 소도小島, islets로 보는 것이 정확하다.

울릉도로부터 동남쪽으로 약 87.4킬로미터 떨어진 곳에 위치하고 있다. 포항에서는 267킬로미터 떨어져 있다. 동해안에서의 최단 거리는 울진군 죽변으로, 두 지점 간의 거리는 217킬로미터다. 일본과 가장 가까운 오키 섬隱岐島으로부터는 북서쪽으로 158.5킬로미터, 일본 혼슈 섬으로부터는 시마네현 히노미사키 해안에서 북서쪽 208킬로미터 지점에 위치한다.

독도는 '고양이 울음 같은 소리를 낸다'는 괭이갈매기의 천국이다. 바다에 물고기가 풍부해 많은 새들이 독도에 산다. 독도 근해는 청정 해역인데다 난류와 한류가 교차하는 황금어장으로, 어류와 해조류 등 수자원이 풍부하다. 바다 밑에는 아직 개발되지 않은 자원이 숨어 있는데, 천연가스와 메탄 하이드레이트Methane Hydrate(가스 수화물) 등이다.

다른 이름: 우산도于山島, 자산도子山島, 석도石島, 독섬.

일본측 이름: 마쓰시마松島, 량코시마, 양코시마, 다케시마竹島.

울릉도鬱陵島

경상북도 울릉읍의 대부분을 차지하는 섬으로 독도가 부속 도서인 모도母島. 면적 72.9제곱킬로미터, 해안선 길이 64.43킬로미터, 인구 약 9700명. 중앙부엔 984미터 높이의 성인봉이 있다. 울릉읍과 서면, 북면의 1읍 2면으로 구성됐으며, 울릉읍은 성인봉의 동쪽 사면에 있어 평지가 좁아 취락은 해안가에 집중돼 있다. 서기 512년 신라의 이사부가 우산국을 정벌한 뒤 '무릉도武陵島' 등으로 불렸다. 조선 초 조정의 '쇄환刷還 정책'으로 오래도록 빈 섬이었으나 1883년(고종 20년) '개척령'으로 주민을 이주시켰다. 원래 강원도에 속했으나 1914년 경상북도에 편입됐다.

다른 이름: 무릉도, 우릉도羽陵島.

일본측 이름: 이소다케시마磯竹島, 다케시마, 마쓰시마.

죽도竹島

울릉도에서 동쪽으로 2킬로미터 떨어진 섬으로, 울릉도와 독도 사이에 있다. 종종 일본에서 독도를 이르는 '다케시마竹島'와 혼동되기도 한다. 죽서竹嶼라고도 부르며, 대나무가 많아 '댓섬'이라고도 한다. 면적은 약 21만 제곱미터다. 해발 고도 106미터의 평탄한 섬으로 울릉도의 부속 섬 중 가장 크다. 20세기 초에 농가 20여 호가 있었지만 2019년 현재는 1가구가 거주중이다.

다른 이름: 죽서.

관음도觀音島

일명 '깍새섬'. 울릉도 동쪽 해안에서 불과 100미터 떨어져 있으며, 2012년 울릉도와 연륙교로 연결됐다. 면적 약 7만 1405제곱미터로 동백나무, 억새, 쑥 등이 자란다. 비탈진 바위섬이라 사람이 거주할 만한 곳이 아니다. 무인도인 이 섬에 대해 해양수산부의 '연안포털 무인無人

도서 정보'에는 현재 이렇게 기록돼 있다.

지목: 임야.

과거 주민 거주 여부: 없음.

향후 주민 거주 가능성: 없음.

사람 거주시 거주 목적: 없음.

오키 섬隱岐島

일본 시마네현에 소속된 동해상의 섬. 가장 큰 도고島後 섬은 면적이 242제곱킬로미터다. 주요 섬 네 개와 180여 개 부속 섬으로 이뤄졌다. 1667년 「은주시청합기隱州視聽合紀」(紀를 記라고도 씀) 등 일본 문헌에서 '일본의 서쪽 경계를 이룬다'고 인식됐다. 독도와의 거리는 약 158.5킬로미터다. 1696년 울릉도와 독도에서 일본 어민을 추격한 안용복이 2차 도일渡日 당시 첫 조사를 받았던 장소이기도 하다. 20세기 초부터 이곳 어민들이 강치잡이 등 독도 근해 어렵에 나섰으며, 이는 1905년 시마네현의 불법적인 '독도 편입'의 주요 구실이 되기도 했다. 현재는 섬 곳곳에 '다케시마(독도)는 일본 땅'이란 선전물과 전시 시설이 설치돼 있다.

제1장

독도, 조선 땅으로 공인되다

지증왕 13년, 신라 장군 이사부

서기 512년. 지금으로부터 1500여 년 전이다. 한국사에선 고대古代에 해당하는 삼국 시대다. 고구려 문자명왕文咨明王 21년, 백제 무령왕武寧王 12년, 그리고 신라 지증왕 13년. '지증왕 13년'이란 말에 1980년대 정광태가 부른 가요 〈독도는 우리 땅〉의 가사를 기억하는 사람이라면 "아, 그렇지!" 하며 반가워할 것이다.

그런데 지증왕 13년에 과연 신라에 무슨 일이 있었는가? 『삼국사기』「신라본기」의 기록부터 살펴봐야 한다.

> 13년 여름 6월에 우산국于山國이 항복하여 해마다 토산물을 바쳤다.

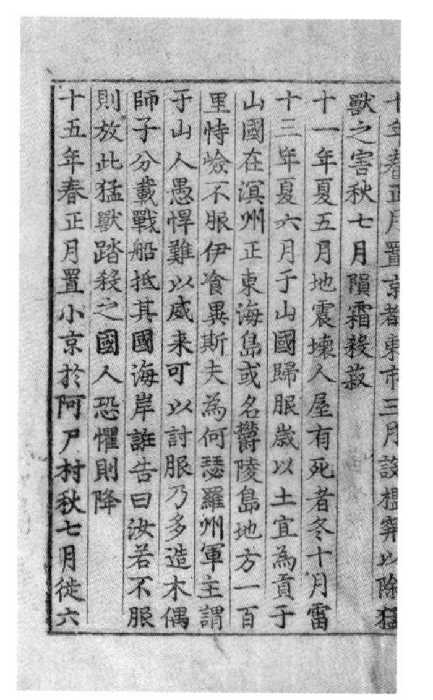

十年春正月置京都東市三月設檻穽以除猛
獸之害秋七月隕霜殺菽
十一年夏五月地震壞人屋有死者冬十月雷
十三年夏六月于山國歸服歲以土宜為貢于
山國在溟州正東海島或名鬱陵島地方一百
里恃嶮不服伊飡異斯夫為何瑟羅州軍主謂
于山人愚悍難以威來可以計服乃多造木偶
師子分載戰船抵其國海岸誑告曰汝若不服
則放此猛獸踏殺之國人恐懼則降
十五年春正月置小京於阿尸村秋七月徙六

『삼국사기』「신라본기」 지증왕 13년(서기 512년) 조 우산국 복속 기사.

우산국은 명주溟州(강릉)의 정동쪽 바다에 있는 섬으로 혹은 울릉도鬱陵島라고도 하였다. 땅은 사방 100리인데, 지세가 험한 것을 믿고 항복하지 않았다.

이찬伊飡 이사부異斯夫가 하슬라주何瑟羅州(강릉)의 군주軍主가 되어 말하기를 "우산국의 사람들은 어리석고 또 사나워서 힘으로 복속시키기는 어려우나 꾀로는 복속시킬 수 있다"고 하였다.

이에 나무 사자를 많이 만들어 전함에 나누어 싣고 그 나라의 해안에 이르러 거짓으로 말하기를 "너희가 만약 항복하지 않으면 이 사나운 짐승을 풀어 밟아 죽이겠다"고 하자 그 나라 사람들이 두려워하며 곧 항복하였다.

'토산물을 바쳤다'까지는 지증왕 13년 6월에 있었던 일을 개괄적으로 서술한 것이고, 그다음부터는 이 일에 대한 자세한 기록이다. '항복했다더니 왜 또 항복하지 않았다는 얘기가 나오는가' 하고 의문을 가질 필요가 없다. 이것이 신라가 우산국을 정벌해 영토로 삼은 역사 기록이다. 그런데 우산국은 어디인가? 『삼국사기』 원문에 '울릉도'라고 명기해놓았으니 어느 섬인지 혼동을 일으킬 필요는 없을 것이다. 그런데 이것은 울릉도뿐 아니라 '독도' 역시 서기 512년부터 신라 영토로 편입됐음을 증명하는 사료가 되기도 한다.

그 이유를 설명하기에 앞서, 당시 신라는 어떤 상황이었기에 먼바다를 건너는 원정을 감행했는지, 이사부는 도대체 어떤 인물이었는지부터 알아볼 필요가 있다.

『삼국사기』에서 '지증왕' 조를 처음 찾는 사람은 당황하기 일쑤다. 아무리 찾아봐도 나오지 않기 때문이다. 그렇다면 정답은? '지증마립간麻立干'을 찾아야 한다. 신라가 소국이었던 시절에는 '왕王'이 아니라 '거서간居西干', '차차웅次次雄', '이사금尼斯今', '마립간'처럼 군주를 지칭하는 고유의 칭호를 공식적으로 사용했다. 지증왕 또한 즉위 당시에는 분명 '마립간'이란 이름으로 즉위했고, 즉위 이후에도 그렇게 불렸다.

바로 이 호칭을 '왕'으로 바꾼 것이 지증마립간, 즉 지증왕 4년(서기 503년)의 일이었다. 이것은 단순한 명칭 변경에 그치는 일이 아니었다. 지금의 경북 일부 지역의 소국에 불과했던 신라가 한반도의 광역廣域을 아우르는 새로운 국가 체제를 갖추기 시작했음을 선언하는 것과도 같았다.

여기서 주목할 점은 '신라新羅'라는 국명이 처음으로 등장한 것 또한 지증왕 4년의 일이라는 사실이다. 그러니까 박혁거세(혁거세거서간)와 석탈해(탈해이사금)는 물론, 김씨 성으로 첫 군주가 된 미추이사금 때도 공식적인 나라 이름이 '신라'가 아니었다. '사로국斯盧國'이나 '계림

鷄林'이 신라 초기의 국명이었다. 서기 4세기가 배경인 〈근초고왕〉 같은 TV 드라마에서 신하가 백제 왕에게 "신라에서 사신이 왔습니다"라고 아뢰는 것은 실제로는 일어나기 힘든 일이었다고 볼 수 있다.

이사부 장군의 영정. 권오창 화백이 그린 국가표준영정 제83호다.

그러면 '신라'의 뜻은 무엇인가? 아마도 원래 이름인 '사로'와 발음이 비슷한 한자음에서 따온 것으로 보이지만, 이 경우엔 같은 발음이라도 무슨 글자를 따왔느냐가 중요하다.

그것은 '덕업일신德業日新 망라사방網羅四方'이란 말에서 '新'과 '羅'라는 글자 하나씩을 따온 말이었다. '덕업을 날로 새롭게 해, 사방을 망라한다.' 앞의 말이 '국가 체제를 새롭게 완비한다'는 뜻이라면, 뒤의 말에는 '나라의 영토를 넓히겠다'는 의지가 담겨 있었다. 그냥 '신라'라고만 했을 때도 '새롭게 망라하겠다'는 뜻이 읽힌다.

한마디로 국운이 새롭게 뻗어나가던 시기가 지증왕 대의 신라였다. 그 시기, '망라사방'의 의지가 대표적으로 현실화된 것이 바로 우산국 정벌이었다. 우산국 정벌은 바다 한가운데의 해상 요충지를 확보함으로써 동해의 제해권을 장악하고, 나아가 고구려와 왜倭의 교류를 차단

하려는 의도에서 기획됐을 것이다. 신라가 우산국을 장악한 이상, 왜로 가려는 고구려 사신은 중간 기착지를 잃는 상황에 처하게 되는 것이다. 이 시기에 아주 중요한 역할을 맡은 인물이 이사부였다.

이사부는 왕족이었다. 내물마립간의 4세손인 진골 귀족으로, 그의 관등인 '이찬'은 신라 17관등 중 두번째에 해당한다. 이사부는 서기 505년 실직주(삼척)의 군주軍主가 됐다. '군주'란 기본적으로는 지방 행정구역인 주州의 장관이지만, 군 지휘관도 겸하는 직책이었다. 7년 뒤인 512년 그는 하슬라주(강릉)의 군주로서 우산국 정벌의 임무를 맡았다. 손승철 강원대 사학과 명예교수는 "이 정벌이야말로 지증왕·법흥왕·진흥왕 3대에 걸친 신라 대규모 팽창 정책의 시작이었다"고 본다.

이사부는 우산국 정벌로 동해 제해권을 확보한 뒤 정치적 실권자인 병부령兵部令이 돼 한강 유역과 대가야 정복 전쟁을 수행했다. 우산국 정벌이 20대 때 일이었다면 562년 대가야를 정복할 때는 70대였다. 그의 평생에 걸친 '정복 사업'으로 인해 소백산맥 남쪽의 작은 나라였던 신라는 '삼국 통일'을 바라볼 수 있는 나라로 커졌다. 6세기 한반도의 판도가 완전히 뒤바뀌었던 셈이다. 일생 동안 이어질 '신라 업그레이드 프로젝트'의 시작이 우산국 정벌이었던 것이다.

그런데 이사부의 정벌군이 어디서 출항했는지에 대해서는 의견이 갈린다. 기록에 '하슬라주의 군주가 돼 우산국을 정벌했다'고 나와 있었기 때문에 종래엔 당연히 강릉이라고들 여겼다. 그런데 준비도 없이 하루아침에 정벌 작전에 나설 수는 없었을 테니, 7년 전 삼척 군주로 부임했을 때부터 우산국 정벌 준비를 했던 것이 아닐까? 기록상 신라가 삼척을 군사 중심 도시로 유지하면서 강릉을 행정 중심 도시로 특화한 것으로 보고, 삼척 앞바다에서 먼바다로 빠지는 해류를 타게 되면 울릉도와 독도에 닿기 때문에 삼척에서 출항했을 것이라는 해석도 있다. 지금 삼척에서 '동해왕이사부축제'가 열리는 것은 바로 이 때문이다.

출발지가 강릉이었든 삼척이었든 중요한 문제가 하나 있었다. 그것은 신라가 지금까지 원거리 항해를 좀처럼 해본 적이 없었던 나라라는 사실이었다. 심지어 신라에는 수군水軍이 존재하지 않았을 것이라고 보는 학자도 있다. 중국 대륙과 왜(일본), 일설에 따르면 동남아시아까지 분주히 오갔던 '해상 왕국' 백제와는 크게 다른 상황이었다. 게다가 『삼국사기』의 기록대로라면, 신라인들은 '우산국은 지세가 험난하고 백성들도 호전적'이라 믿고 있었다. 멀고 정보가 부족한 곳일수록 소문은 부풀려지기 마련이다.

이사부 같은 전략가가 병가兵家의 고전 『손자병법孫子兵法』을 읽지 않았을 리가 없다. 『손자』 제3편 「모공謀攻」에서는 "싸우지 않고 적을 굴복시키는 것이 가장 좋은 방법이다不戰而屈人之兵, 善之善者也"라고 했다. 이사부는 이것을 그대로 실천한다. 목우사자木偶獅子(나무 사자)를 많이 만들어 전함에 나눠 싣고 가 우산국 해안에서 "항복하지 않으면 이 사나운 짐승을 풀어 밟아 죽이겠다"고 협박했다. 이 계책이 성공해 우산국

사람들은 겁을 먹고 항복했고, 전투 한 번 없이 우산국은 신라에 복속됐다. 예전에 소설가 최인욱은 이사부의 우산국 정복을 가리켜 '트로이전쟁에서 오디세우스가 목마를 이용한 계책으로 승리했다는 전설을 연상시킨다'고 평가한 적이 있었다.

그런데 일각에선 이 '목우사자'를 보고 『삼국지』의 등장인물 제갈량이 군량 수송용으로 개발한 기계장치라고 전해지는 목우유마木牛流馬를 연상한 모양이다. '그것은 옛 기록에 간간이 보이는 고대 로봇의 원형이 아니었을까'라며 SF 스타일의 의문을 제기한 사람도 있었다. 울릉도 전설에 '나무 사자가 입에서 불을 뿜었다'는 얘기가 나오는 것도 이런 가설을 뒷받침해주는 듯하다. 하지만 『삼국사기』 「신라본기」의 전후 맥락상 나무 사자는 계책의 산물이었던 것으로 봐야 한다. 출정 전에 이사부가 이런 말을 했다고 기록돼 있기 때문이다. "우산국의 사람들은 어리석고 또 사나워서 힘으로 복속시키기는 어려우나 꾀로는 복속시킬 수 있다."

이렇게 우산국은 서기 512년 신라 땅이 됐다. 그런데 여기서 의문이 생긴다.

울릉도가 신라 땅이 된 것일까, 아니면 울릉도와 독도가 신라 땅이 된 것일까?

『세종실록지리지』 50쪽 셋째 줄

다시 노래 〈독도는 우리 땅〉으로 돌아가보자. '지증왕 13년 섬나라 우산국' 다음에 이어지는 가사가 무엇이었는가? 그렇다.

'세종실록지리지 50쪽 셋째 줄.'

과연 그곳에 무엇이라 적혀 있었을까?

『세종실록지리지』가 과연 어떤 책인지부터 짚어볼 필요가 있다. 1454년(단종 2년) 간행된 8책의 이 책은 조선왕조실록의 『세종실록』에 부록처럼 실린 것이긴 하지만 실록 내용과 완전히 독립적인 별도의 서적이다. 이전에도 '지리지'라는 이름으로 나온 책이 없지는 않았지만, 그 양과 질에서 비교가 되지 않을 정도로 우수하고 치밀한 지리지라는 평가를 받는다.

왜? 이유가 있다. 지리지의 편찬 목적이 지극히 실용적인 것이었기 때문이다. 고려는 의도와는 달리 말기까지 중앙정부의 행정력이 지방 말단까지 미치지는 못한 나라였다. 지방 호족들의 영향력이 그만큼 컸다. 조선왕조는 이와는 달리 초기부터 그야말로 방방곡곡, 구석구석까지 중앙정부가 직접 지배하는 시스템을 갖추고자 했다. '모든 사람이 국가에 세금을 내는 체제'로 가려 한 것이다. 조세와 군역은 물론 각 지역의 문화와 온갖 사정까지 중앙에서 한눈에 보기 위해서는 그 정도 수준의 지리지가 있어야 했던 것이다.

이 때문에 『세종실록지리지』에는 온갖 정보들이 죄다 기재됐다. 지방관의 등급과 인원, 연혁, 고을의 별칭, 속현과 그 연혁, 진산鎭山과 명산대천, 고을 사방 경계까지의 거리, 호구와 군정의 수, 성씨, 토질과 전결田結(논밭에 물리는 세금), 토의土宜(특산물), 토공土貢(공물), 약재, 토산, 누대, 역, 봉수, 산성, 제언堤堰(둑), 사찰 등의 순서로 기록됐다.

『세종실록지리지』 제153권 '강원도 삼척도호부 울진현'에서 '우산도(독도)'와 '무릉도(울릉도)'에 대해 기록한 부분. (외교부 사진)

우리가 여기서 눈여겨봐야 할 점은, 이 책이 '독도'라는 섬의 실체를 언급한 가장 오래된 문헌이라는 사실이다.

"이사부가 정벌했다는 '우산국'은 울릉도일 뿐, 독도가 아니다."

『삼국사기』의 지증왕 13년 조 기록에 대한 일본인들의 흔한 주장이다. '이사부가 나무 사자로 주민들을 협박했던 섬은 울릉도 아니냐? 어디에 이사부가 독도까지 정벌했다는 기록이 있느냐?'

이들에게 보여줘야 할 자료가 『세종실록지리지』 제153권 '강원도 삼척도호부 울진현' 부분이다. 『세종실록지리지』는 『세종실록』의

148~155권에 해당한다. 아주 중요한 기록이니 꼼꼼하게 한 글자씩 읽어야 한다.

于山·武陵二島在縣正東海中.

우산도와 무릉도라는 두 섬은 (울진)현의 정동쪽 바다 가운데 있다.

그리고 작은 글씨로 이 부분을 다시 설명했다.

二島相去不遠, 風日淸明, 則可望見. 新羅時稱于山國.

두 섬은 서로 멀리 떨어지지 않아, 날씨가 맑은 날에는 바라볼 수 있다. 신라 때는 우산국이라 불렀다.

여기서 '신라 때 우산국이라 불렀다'는 것은 한 섬이 아니라 '이도二道', 우산과 무릉이라는 두 섬을 말하는 것이 분명하다.

정리를 하자면, '신라 때 우산국=무릉도+우산도'가 된다.

다시 말해 이사부가 정벌했던 '우산국'은 '무릉도'와 '우산도'라는 두 섬으로 이뤄진 나라라는 것이다. 이 사실은 『만기요람萬機要覽』「군정편軍政篇」과 『증보문헌비고增補文獻備考』 등의 문헌도 동일하게 기록했다.

1481년(성종 12년)의 『동국여지승람東國輿地勝覽』과 이를 증보한 1531년(중종 26년)의 『신증동국여지승람新增東國輿地勝覽』 역시 '우산도'와 '울릉도' 두 섬이 동쪽 바다에 있다고 기록했다. 이 책들은 단순한 지리서가 아니라 조선왕조의 영토에 대한 규정과 해설이 기록된 책이라는 점이 중요하다. 두 섬이 조선의 영토라는 사실이 국가가 공식 발행한 서적을 통해 천명됐던 것이다.

'무릉도'가 울릉도의 옛 이름이라는 데에는 이견이 없지만, 문제는 '우산도'가 과연 어느 섬이냐는 것이다. 이것을 분명히 알려주는 자료 역시 『세종실록지리지』다. "서로 멀리 떨어지지 않아 날씨가 맑은 날에는 바라볼 수 있다"는 설명이 그것이다. 이 말을 뒤집어 보면 '날씨가 맑지 않은 날에는 무릉(우산)에서 우산(무릉)을 볼 수 없다'는 것이 된다.

울릉도를 기준으로 이 진술에 부합하는 섬은 단 하나뿐이다. 바로 독도다.

일본측에선 '우산도'가 독도가 아니라 울릉도에 인접한 관음도나 죽도(죽서)라고 주장하지만, 관음도와 죽도는 울릉도에서 가까운 섬이기 때문에 날씨가 흐린 날에도 볼 수 있다. 죽도는 울릉도에서 약 2킬로미터, 관음도는 울릉도에서 불과 100미터 떨어져 있다.

그런데 최근에는 이 진술의 신빙성을 의심하는 국내 학자도 있다. 이영훈 교수는 『반일 종족주의』에서 두 섬의 거리가 멀지 않으면 서로 바라볼 수 있는 것이 당연한데 굳이 '날씨가 좋으면'이라는 단어를 붙인 것 자체가 우산이 환상의 섬이라는 근거라고 주장하고 나섰다.

그의 말처럼 '날씨가 좋아야만 보이는 섬'은 과연 현실에는 존재할 수 없을까? 이는 현장에 가보면 어렵지 않게 알 수 있는 간단한 사실조차 무시한 것이다. 맑은 날이면 울릉도 도동항 산 위에서 약 90킬로미터 떨어진 독도를 충분히 육안으로 볼 수 있다. 반대로 흐린 날에는 성인봉 정상에서도 독도가 보이지 않는다. 동북아역사재단은 2008~2009년 울릉도에서 독도를 육안으로 관측하는 '독도 가시일수可視日數 조사'를 실시했는데, 울릉도 주민들의 주거 지역에서 월 3, 4회 이상 독도가 관측됐다. 문학 서적과는 거리가 먼 『세종실록지리지』는 망상이나 환상 속의 섬이 아니라 실제로 존재하는 섬을 기록한 것이다.

더구나 『세종실록지리지』의 이 대목은 세종이 안무사按撫使로 여러 차례 울릉도에 파견한 김인우金麟雨에게 현지 조사를 시켜서 얻은 실증적인 결과로서, 실제 지리에 부합하는 정직한 기술이다.

박세당의 기록 "우산도는 맑은 날에만 보인다"

17세기에 '우산도는 울릉도에서 과연 얼마나 멀리 떨어진 섬인가'라는 문제의 해답을 간파한 학자가 있었다. 조선 후기의 유명한 실학자 중 한 명인 서계西溪 박세당朴世堂(1629~1703)이다. 그가 쓴 「울릉도」라는 글이 있는데, 이 글은 박세당의 11대 후손이 2001년 한국학중앙연구원에 기탁한 '서계종택 고문서' 중 『서계잡록西溪雜錄』(1659)에 실린 필사본이었다. 기탁 전까지 대부분의 사람들은 그런 기록이 있는 줄도 몰랐고, 그중 「울릉도」는 2007년 한국해양수산개발원 독도연구센터 책임연구원이던 유미림 박사가 찾아낸 자료다.

박세당은 이 글에서 배를 타고 울릉도에 갔다가 돌아온 승려로부터 들은 이야기를 이렇게 기록했다.

> 盖二島去此不甚遠, 一飄風可至. 于山島勢卑, 不因海氣極淸朗, 不登最高頂, 則不可見.
> 두 섬(울릉도와 우산도)은 그다지 멀지 않아 한번 큰바람이 불면 닿을 수 있는 정도다. 우산도는 지세가 낮아, 날씨가 매우 맑지 않거나 최고 정상에 오르지 않으면 (울릉도에서) 보이지 않는다.

이 기록의 중요한 포인트가 무엇인지 짚어보자. ①울릉도와 우산도는 분명 같은 섬이 아니라 다른 섬이다. ②우산도는 죽도와 관음도처럼 울릉도와 인접한 섬도 아니다. 죽도와 관음도는 울릉도에서 높은 곳에 올라가지 않거나 날씨가 흐려도 육안으로 충분히 볼 수 있는 섬이기 때문이다. 박세당의 기록에 등장하는 '우산도'에 들어맞는 섬은 동해상에서 오직 한 섬, 독도뿐이다.

이 기록을 보고도 정말 이 섬이 상상의 섬으로 보인다는 말인가? 그런 생각이야말로 상상의 산물이 아닐까.

박세당 또는 박세당에게 이 말을 했다는 승려가 『세종실록지리지』를 보고 말을 꾸며낸 것은 아닐까? 천만에, 그럴 리가 없다. 『세종실록지리지』는 실록에 수록된 것이기 때문에 출입이 엄격히 통제됐던 사고史庫에 들어가지 않으면 볼 수 없었다. 일반 지식인이 자유롭게 열람할 수 있는 서적이 아니었다는 얘기다.

더구나 박세당의 기록은 동시대 인물의 다른 기록과도 통한다. 삼척영장三陟營將 장한상張漢相(1656~1724)이 쓴 「울릉도 사적鬱陵島事蹟」에는 이런 묘사가 나온다.

> (성인봉에서) 동쪽으로 바다를 바라보니 동남쪽에 섬 하나가 희미하게 있는데, 크기는 울릉도의 3분의 1이 안 되고 거리는 300여 리에 지나지 않는다.

이것은 혹시 죽도(죽서)에 대한 서술이 아닐까? 그렇지 않다. 장한상은 "동쪽으로 5리쯤에 작은 섬이 하나 있는데 높거나 크지 않으며 바다 대나무가 자라고 있다"며 죽도에 대해 따로 기술했다. 박세당과 장한상은 모두 일본측으로부터 울릉도와 독도가 조선 땅이라는 확인을 받은 숙종 때의 어부 안용복과 같은 시대를 살았다.

2007년에 박세당의 「울릉도」를 처음으로 신문에 보도할 때, 국내의 대표적인 독도 전문가 신용하 서울대 명예교수에게 자료를 보내고 검토를 부탁했다. 잠시 뒤 신 교수가 전화를 걸어왔다. "아, 어떻게 이런 자료가 나왔나요? 처음 나온 것인데, 아주 훌륭합니다! 독도가 우리 땅이라는 걸 밝히는 무척 중요한 자료예요! 찾아내신 분께 감사를 드

울릉도 내수전 일출전망대에서 촬영한 독도. (국제한국연구원 사진)

려야 합니다. 하하하!"

수화기 너머로 유쾌하게 쩌렁쩌렁 울리던 그의 목소리가 지금도 귀에 선하다.

예전에는 이런 주장을 하는 일본인도 있었다. "울릉도에서 정말 독도가 보이느냐? 증거를 대라!" 지금은 인터넷에서 구글 사이트에 들어가 '울릉도에서 본 독도'라고 검색하면 울릉도에서 본 독도 사진이 주르륵 나온다. 신기루가 아닌 이상, 뻔히 보이는 '상상의 섬'이 세상에 존재할 수 있는가?

『세종실록지리지』나 박세당과 비슷하게 서술한 20세기 초의 일본 측 기록도 존재한다. 일본의 아시아 침략을 주도한 극우 단체 흑룡회黑龍會가 1903년 발간한 『한해통어지침韓海通漁指針』이란 책이다. 일본 우익이 쓴 책이니 일부러 한국측에 유리한 기록을 남겼을 리는 없다.

> 강원도에 속하는 양꼬 섬(독도)은 울릉도 동남방 약 30리쯤에 있으며, 맑은 날에는 울릉도의 높은 산봉우리에서 이것을 볼 수 있다.

'무릉도와 우산도가 서로 다른 두 개의 섬이 아니라 하나의 섬'이라고 주장한 일본 학자도 있었다. 가와카미 겐조川上健三(1909~1995)가 이런 주장을 한 대표적 인물인데, 『세종실록지리지』를 만들 때 먼저 나온 『고려사 지리지』를 참고해 쓰는 과정에서 울릉도의 다른 이름인 '우산도'를 마치 다른 섬인 것처럼 잘못 집어넣었다는 주장이었다.

그런데 이것은 한국사의 기초 지식조차 결여된 주장이었다는 비판을 받을 만하다. 『고려사 지리지』는 편찬 연대로 보면 『세종실록지리지』보다 오히려 늦다. 더구나 『고려사』와 『세종실록』의 편찬 책임자는 모두 김종서金宗瑞(1383~1453)였다. 세종 때 4군과 6진의 북방 영토를 개척했으며 단종 때 계유정난癸酉靖難으로 수양대군에 의해 살해된 그 인물이다. 누가 누구 것을 베껴서 잘못 집어넣었다는 말인가? 두 책 모두 실제 울릉도 답사를 바탕으로 이뤄진 것인데, 1416년(태종 16년)과 이듬해 '무릉등처武陵等處 안무사'의 직함으로 울릉도에 갔던 김인우의 보고를 통해 조선 조정은 '무릉도'와 다른 섬인 '우산도'의 존재를 인식했던 것이 분명하다. 왜냐하면 1425년(세종 7년) 김인우가 다시 울릉도에 갔을 때의 직함이 '우산무릉등처于山武陵等處 안무사'였기 때문이다.

'무릉' 앞에 '우산'이라는 지명이 추가된 것이다.

가와카미는 지금 보면 실소가 나올 만한 주장도 서슴지 않았다. '높은 곳에 올라가야 바다 멀리 볼 수 있었을 텐데, 당시 울릉도는 밀림으로 덮여 있어 올라갈 수 없었다'는 얘기다. 하지만 그에게는 무척 안타깝게도 『고려사』에는 1157년(의종 11년) 울릉도에 파견된 김유립金柔立이 성인봉 정상에서 사방을 둘러보고 남긴 보고 내용이 기록돼 있다.

1770년(영조 46년) 왕명으로 편찬된 『동국문헌비고東國文獻備考』에는 좀더 분명한 기록이 있다. 조선의 문물제도文物制度를 분류 정리한 일종의 백과전서인 이 책에서는 "『여지지輿地志』에 이르기를, 울릉도와 우산도는 우산국 땅인데, 우산도는 바로 왜인들이 말하는 송도松島다"라고 했다. 이 『여지지』라는 책은 지금은 전하지 않는다. 뒤에 다시 나오겠지만 송도(마쓰시마)는 당시 일본에서 독도를 이르던 지명이었다.

자, 이제 『세종실록지리지』에 나오는 '우산도'가 독도의 옛 지명이라는 사실은 분명해졌다. 그렇다면 『삼국사기』 「신라본기」 지증왕 13년조에 나온 '우산국'이 '울릉도와 독도'로 이뤄진 섬이라는 『세종실록지리지』의 기록을 믿지 않을 이유가 없다. 아마도 '우산국'이라는 나라 이름에서 나왔을 '우산도'는 원래 울릉도를 지칭하는 이름이었을 가능성이 있지만, 『세종실록지리지』를 편찬한 시기인 서기 1454년에 이르면 울릉도가 아닌 다른 섬, 즉 독도를 지칭하는 이름으로 굳어졌다고 봐야 한다.

'우산도于山島'는 문헌에 따라 '자산도子山島', '천산도千山島', '방산도方山

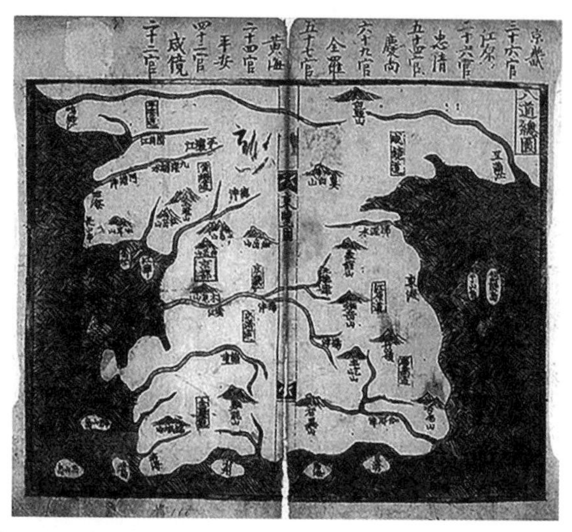

1481년 『신증동국여지승람』에 수록된 〈팔도총도〉. 우산도가 울릉도의 서쪽에 그려졌다. 우산도의 존재는 알려져 있었지만 위치 정보가 지도 제작자들에게 아직 알려지지 않은 결과였다. (서울대 규장각 한국학연구원 소장)

島', '간산도干山島' 등으로 조금씩 다르게 기록돼 있다. 이것은 모두 '于山島'의 '于' 자를 옮겨 적는 과정에서 잘못 쓴 것으로, 어느 것 하나 독도의 옛 명칭 아닌 것이 없다. '삼봉도三峰島'와 '가지도可支島' 역시 독도의 별칭이라고도 하지만 독도가 아니라는 반론도 있으니 주의해야 한다.

일부 고지도에 '우산도'가 무릉도의 동쪽이 아니라 서쪽에 잘못 그려져 있는 경우도 있다. 『신증동국여지승람』에 수록된 조선전도 〈팔도총도八道總圖〉가 대표적인 예다. 이것은 직접 현장을 가보고 그린 것이 아닌 고지도 제작 방식의 한계 때문이었다. 지도 제작자는 울진현 동쪽에 무릉과 우산이라는 두 섬이 있다는 것은 알았지만, 두 섬의 상호 위치 정보는 기록에 없어 미처 파악하지 못했기 때문에 동서 방위상의 혼란이 생겼을 뿐이다. 한때 고지도를 외부 간판으로 내걸었던 한 국내 박물관에서 원래 지도상에 있던 무릉도와 우산도의 위치가 바뀌었다고 지적을 받은 적이 있는데, 그렇게 고칠 필요가 없는 것이었다.

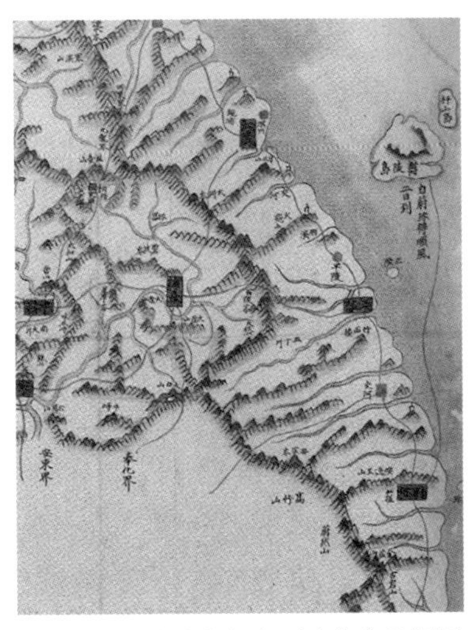

18세기 후반에 제작된 지도 〈여지도〉 중 '강원도'. 우산도가 울릉도 동쪽에 있는 것으로 그려졌다. (서울대 규장각 한국학연구원 소장)

한국의 고지도는 관찬官撰과 사찬私撰, 즉 관청에서 발행했거나 민간에서 발행했거나 가릴 것 없이 대부분 동해상에 '섬 두 개'가 있는 것으로 그려졌다. 무릉과 우산, 다시 말해 울릉도와 독도다. "왜 독도를 그렇게 가깝게 그렸고 크기도 제각각이냐"는 항변이 있지만, 이는 고지도가 왜 구글 지도 수준의 정확성을 확보하지 못했느냐고 묻는 것이나 다름없다. 일본 고지도도 마찬가지였다. 원본이 17세기에 만들어진 것으로 추정되는 모경국 소장 일본 지도 〈조선국도〉는 작릉도(울릉도)와 우산도(독도) 두 섬이 조선 동해안에 인접한 것으로 그렸다.

한국 고지도에서 '독도가 울릉도의 동쪽에 있다'는 올바른 방향 정보는 17세기 말 안용복 사건 이후 제대로 수용됐다. 18세기 중반 신경준의 〈조선전도〉, 1770년의 〈강원도 지도〉, 18세기 후반 〈여지도輿地圖〉, 19세기 중반 〈해좌전도〉, 1846년 김대건의 〈조선전도〉 등 이 방향을 올바로 인식한 지도들이 나온 것이다. 최운도 동북아역사재단 독도연구소장은 2019년 9월 2일 자 〈조선일보〉에서 이렇게 말했다. "16세기 지도를 현대 지도와 같은 시각으로 해석하는 것은 무리다. 조선 시대 지도를 보면 우산도는 17세기 말 안용복 사건을 계기로 울릉도 서쪽에서 동쪽으로 자리를 잡아간다. 우산도에 대한 인식이 구체화되고 있다는 뜻이다."

이사부는 독도를 '정벌'한 적이 없다고?

필자는 독도수호국제연대 산하 독도아카데미에서 『삼국사기』 지증왕 13년 조로 시작하는 내용으로 여러 차례 독도 관련 강의를 했다. 벌써 오래전의 일이다. 한 대학생이 손을 번쩍 들더니 이런 질문을 했다.

"『삼국사기』 「신라본기」에 이사부가 독도를 정벌했다는 내용은 없잖습니까?"

그러니까 이사부의 함대가 공격한 섬이 독도라는 기록은 없는데 왜 자꾸 독도의 역사에서 『삼국사기』의 서기 512년 조가 인용되느냐는 항변이었다. 일본 학생은 아니고 한국 학생이었지만 그의 항변은 바로 일본측의 논리였다. 그 학생에게 반대로 질문했다.

"그럼, 이사부는 어디를 정벌한 것인가요?"

"우산국입니다."

"우산국의 별칭이 울릉도라는 것은 나오지만, 구체적으로 어느 섬들로 구성된 나라인지는 『삼국사기』에 나오지 않습니다. 그럼 어디 나올까요?"

"『세종실록지리지』죠."

"거기서 신라 때 우산국이 어느 섬과 어느 섬으로 구성됐다고 기록했죠?"

"무릉도와 우산도요."

"무릉도는 울릉도의 옛 이름이고, 우산도는 무슨 섬일까요?"

"……독도라는 것이군요."

"그러면 이사부가 신라에 복속시킨 섬은 무슨 섬인가요?"

"울릉도와 독도입니다."

사실 '이사부의 우산도 정벌'이나 '정복'이라는 것도 엄밀하게 말을 따지자면 꼭 들어맞지는 않는다. '정征'과 '벌伐'이라는 한자 모두 '정통성과 정의正義를 지닌 자가 군사를 일으켜 반역反逆 세력을 공격한다'는 의미를 갖기 때문이다. 그래서 국립국어원의 표준국어대사전에서도 '정벌'의 뜻풀이는 '적 또는 죄 있는 무리를 무력으로써 침'이다. 이 뜻을 제대로 알지 못한 채 '당 태종의 고구려 정벌'이나 '도요토미 히데요시의 조선 정벌'이란 말을 함부로 쓴다면 그야말로 큰일나는 것이다. 신라 입장에서야 우산국을 복속시키는 일이 '정벌'이라 말할 수 있겠지만, 선사 시대부터 그곳에서 살아온 우산국 주민의 입장에선 신라군은 침략군인 것이다.

그런데 이사부의 '우산도 복속'에서 더 문제가 되는 것은, 분명 군사를 일으키긴 했으나 실제로 전쟁을 벌인 적은 없었다는 점이다. 위계僞計로써 항복시킨 것에 지나지 않기 때문에 '정벌'이라든가 '원정遠征' 같은 말들은 분명 지나친 데가 있다. 여기서 중요한 것은, 이사부는 최소한의 자원으로 최대의 효과를 거두려 한 지장智將이었다는 사실이다. 계책을 이용해 우산국을 복속시키려 했다면 이사부는 과연 우산국 중 어느 섬, 어느 해안으로 가서 사람들을 협박해야 했을까? 당연히 울릉도였을 것이고, 배가 빈번히 드나드는 해안의 한 지점으로 가야 했을 것이다. 여기서 계책이 성공했기 때문에, 아마도 이사부는 굳이 독도까지 따로 항해할 필요가 없었을 것이다. '우산국의 신라 복속'이란 '울릉도와 독도의 신라 복속'이란 의미였기 때문이다.

눈여겨봐야 할 사실은, 『세종실록지리지』의 기록처럼 우산국 본도인 무릉도(울릉도)와 우산도(독도)는 '한 쌍'으로 등장하는 섬이라는 것이다. 달리 말하면 우산국 시절부터 독도는 우산국의 속도屬島였다. 독도의 전全 역사에서 이 점은 대단히 중요한 사실이다. 1905년 이전까지 한국과 일본의 모든 사료에서 독도는 항상 '울릉도'와 함께 등장한다는 것이다. 때로는 '무릉도와 우산도'로, 때로는 '죽도와 송도'로 이름이 달라져서 나오지만, 변하지 않는 것은 '늘 한 쌍으로 등장한다'는 사실이다. 이것이 얼마나 중요하고도 허를 찌르는 반전의 의미를 함축하고 있는지는 뒤에서 자세히 설명하기로 한다.

다시 한번 생각해보자. '이사부가 독도를 정벌했다는 기록이 없기 때문에 독도가 신라 땅이 됐다고 볼 수 없다'는 논리는 과연 맞는 것인가? 『삼국사기』「백제본기」에 나오는 동성왕 20년(서기 498년) 조를 보자. 지금의 제주도에 있던 탐라국이 백제에 공부貢賦(공물과 세금)를 바치지 않다가 백제 왕이 친히 정벌하려 한다는 소식을 듣고 사신을 보내 사과하고 공부를 바치기로 약속했다고 기록돼 있다. 학자들은 이때 '탐라국이 백제에 복속된 것'이라 보고 있다.

그런데 누군가 여기서 '백제에 복속된 것은 탐라국으로서 지금의 제주도에 해당하기 때문에 우도와 가파도와 마라도는 백제에 복속됐다고 할 수 없다'고 주장한다면 이것이 과연 타당한 말이겠는가? 타당하지 않은 것은 우도·가파도·마라도는 분명한 제주도의 속도인데다 굳이 군사를 움직여 정벌할 필요가 없을 정도로 작은 섬들이기 때문이다.

'이사부가 독도에 갔다는 기록이 없다'는 걸 가지고 논쟁거리라도 되는 것처럼 우긴다면 참으로 맥 빠지는 일이다.

이 사실을 뒷받침하는 외국 학자도 있다. 2013년 11월 4일 서울 한국프레스센터에서 열린 '이사부, 독도와 동아시아의 평화' 국제심포지엄에 참석한 조지프 스톨트먼 미국 웨스턴미시간대 지리학과 교수는

"해류와 고고학 증거로 볼 때 이사부 장군의 정벌 당시 울릉도 거주민은 한반도에서 건너간 사람들이며, 지리적으로 이들은 분명 독도를 울릉도의 부속 섬으로 여겼을 것"이라고 했다.

그래도 한 가지 의문이 남는다는 일부의 반응이 있다. 주로 학생들이다.

"『세종실록지리지』 50쪽 셋째 줄'이라는 노래 가사는 어떻게 된 건가요? 정말 무릉도와 우산도에 관한 내용이 '50쪽 셋째 줄'에 있습니까?"

이때 내가 들려주는 것은 2005년에 있었던 한 에피소드다.

당시 유홍준 문화재청장과 문화재청 출입 기자들이 서울에서 헬기를 타고 독도에 갔었다. '천연기념물'인 독도 출입을 허가제에서 신고제로 바꿔 사실상 일반 국민의 입도를 자유롭게 한 조치 직후 현지의 상황을 보러 간 것이었다. 귀로에 울릉도에 들러 케이블카를 타고 전망대에 올라가는데 노래가 흘러나왔다. 정광태의 〈독도는 우리 땅〉이었다. 고참 기자 한 명이 장난스러운 말투로 유홍준 청장에게 질문을 던졌다.

"청장님! 『세종실록지리지』 50페이지 셋째 줄, 그거 어느 판본이에요?"

그러자 유 청장은 조금도 당황하지 않은 채 '아직 그것도 모르고 있었느냐'는 듯 눈을 휘둥그레 뜨더니 진지한 목소리로 대답했다.

"몰랐어? 세조 때 초기 판본!"

그날 집에 돌아와 그게 무슨 뜻이었을까 곰곰이 생각했다. 『나의 문화유산답사기』 저자로서 아무리 순발력과 임기응변이 뛰어나다는 평을 듣는 유 청장이라 해도, 고서古書의 한 대목을 '몇 페이지 몇째 줄'이라고 하는 게 말이 되지 않는다는 걸 모를 턱이 없었기 때문이다. '그건 그냥 익히기 좋게 만든 노랫말일 뿐이지, 실제로 몇 페이지 몇째 줄에 나온다는 얘기가 아니다. 그보다 훨씬 더 중요한 것은 『세종실록지리지』의 해당 대목으로서, 울릉도와 독도 모두 조선 정부가 자국 영토로 인식하고 있었다는 사실이다.' 유 청장이 재치 있는 대답으로 기자들에게 말해주고 싶었던 진짜 얘기는 아마 그런 것이었으리라. 나중에 청장을 그만둔 유홍준 교수를 만나 그때 얘기를 했더니 껄껄 웃으며 "아, 내가 그런 말을 했었나?" 되묻는 것이었다.

'쇄환'은 '영유권 포기'가 아니었다

앞서 스톨트먼 교수의 연구에도 나오지만, 서기 512년 신라에 복속될 당시 우산국의 주민들은 한반도에서 건너간 사람들의 후손으로 보인다. 기원전 4세기까지 올라가는 고인돌이 울릉도에서 발굴되는 것으로 보아 우산국에는 최소한 청동기 시대부터 사람이 살았던 것으로 볼 수 있다. 이사부의 활약 이후에도 신라에서 직접 통치를 위한 관리를 파견했다는 기록은 없다. 신라에 복속되긴 했지만 우산국은 계속 독자적인 정치 체제를 유지했던 것 같고, 기록에 여전히 '우산국'이라고 등장한다.

서기 930년(태조 13년) 우산국은 고려에 사신을 보내 토산물을 바치고 귀속 의사를 밝혔다. 서기 1004년(목종 7년)에 '우산국 사람들'이 일본에 표류한 사건이 있었는데, 이때 일본측에선 우산국을 '고려의 속국'이라고 기록했다. 그런 우산국이 큰 피해를 입은 것은 서기 1018년(현종 9년)과 1019년 여진족 해적의 약탈 사건 때였다. 그 직후인 1022년(현종 13년) 뭍으로 피신해 나온 우산국 백성들을 지금의 경북 영덕에 정착시켰다는 기록이 있는데, 이때 우산국이 사실상 멸망한 것으로 보기도 한다. 이후 울릉도의 인구는 계속 줄어, 1416년(태종 16년) 조선 조정이 파견한 안무사 김인우는 이듬해 보고에서 '(무릉도와 우산도에는) 15호戶 86명이 살고 있었다'고 했다.

그런데 여기서 태종이 김인우를 울릉도에 파견했던 것은 '쇄환' 또는 '쇄출刷出'을 마음먹고 있었기 때문이었다. '쇄환'이란 육지 바깥의 자국민을 데리고 돌아오는 것으로, 섬 주민들을 뭍으로 이주시키는 일을 말한다. 이는 왜구의 침탈이 극심하던 고려 말기에 도서민들을 보호하기 위해 주민과 읍치邑治를 육지로 옮기는 이른바 해금海禁 정책의 연장선이었다. 기본적으로는, 멀리 떨어진 섬에는 국가의 행정력이 미치지 못하기 때문에 침탈당할 가능성이 큰 지역의 주민들의 위험을 줄이겠다는 의도였다.

하지만 그것이 쇄환 정책을 펼친 이유의 전부는 아니었으니, 여기에는 더 큰 이유가 숨어 있었다. 그것은 모든 백성에게서 조세를 징수하고 선 국토를 직접 통치하겠다는 신생 조선왕조의 의지였다. 과거처럼 우산국의 지배층이 백성 대신 공물을 바치는 시스템도 더이상 유지될 수 없었다. 무엇보다 조선 조정에서 치를 떨었던 것은, 먼 섬으로 도망해 조세와 부역의 의무를 지지 않는 '반체제적' 백성이 존재한다는 사실이었다.

실제로 『세종실록』에는 1419년(세종 원년) 3월 29일 의금부에서 "노비 원단元端 등이 무릉도에 숨어 살자고 모의했으니 곤장 백 대를 때리게 해달라"고 해서 윤허했다는 기록이 나온다. 원단은 왕실이나 조정 소속 공노비였을 가능성이 크지만, 그렇다고 해서 일개 노비가 섬으로 도망가려 했다는 혐의로 의금부까지 나서서 임금에게 보고를 하고 중벌을 내렸다고? 여기에 등장한 '곤장 백 대'란 훗날 임금의 가마를 잘못 만들어 부서지게 했다는 이유로 장영실에게 내린 벌과 같았다. 단순히 노비가 도망친다는 것이 문제가 아니라, '조세와 부역에서 빠져나가는 백성과, 그렇게 빠져나갈 수 있는 지역이 존재한다'는 사실 자체에 조선 조정이 공포에 가까운 감정을 지니고 있었던 것으로 볼 수 있다. 더 나아가 훗날 한글 소설 『홍길동전』에 나오는 상상 속의 '율도국'도 조선 조정에는 공포의 대상이 되기 충분했다. 먼 곳에 있는 섬이 왕조 전복을 기도하는 세력의 근거지가 될 수도 있다는 얘기였기 때문이다.

'무릉도(울릉도)의 주민들을 육지로 나오게 하라'는 임금의 명령은 이미 1403년(태종 3년)에 내려졌다. 13년 뒤인 1416년 김인우를 안무사로 무릉도에 파견한 것도 기본적으로 주민의 쇄출을 위한 것이었다. 이듬해인 1417년 태종은 주민 세 명을 데리고 돌아온 김인우로부터 "(무릉도와 우산도에) 86명이 살고 있다"는 보고를 받았다. 태종은 신하들을 불러 두 섬의 주민 쇄출 문제를 논의했다. 하지만 신하들의 반대가 심했다. 울릉도는 비워두기엔 너무나 큰 섬이었기 때문이었을 것이다. 『태종실록』은 모든 신하들이 이렇게 말했다고 기록한다. "무릉의 주민들은 쇄출하지 말고, 오곡과 농기를 주어 그 생업을 안정케 하소서. 인하여 주수主帥(군대를 통솔하는 사람)를 보내 그들을 위무하고 또 토공土貢(지방에서 바치는 토산물)을 정함이 좋을 것입니다." 섬 주민들을 그대로 두고, 지방관을 파견해서 주민이 조세와 군역의 의무를 지게 하라는 얘기였다.

그런데 유독 이들과 다른 말을 하는 사람이 한 명 있었다. 훗날 세종 대의 명재상으로 추앙받게 되는 공조판서 황희黃喜(1363~1452)였다. "안치安置시키지 말고 빨리 쇄출하게 하소서." 황희의 이런 주장은 조선왕조의 근본 정책에 바탕을 둔 것으로 충분히 일리가 있는 것이었지만, 이 한마디가 결과적으로 이후 수백 년 '독도 분쟁'의 첫발을 딛는 단초가 될 줄은 아무도 몰랐을 것이다. 그 전해 양녕대군의 스캔들을 옹호했다가 일시 파직된 뒤 조정에 복귀한 황희는 이 상황에서 임금의 심중을 혼자 꿰뚫고 있었다. 이유도 말하지 않은 채 '쇄출해야 한다'고만 했을 뿐이었는데, 황희의 말을 들은 태종이 곧바로 어심御心을 꺼내 놓았던 것이다.

"쇄출하는 계책이 옳다. 저 사람들은 일찍이 요역을 피해 편안히 살아왔다. 만약 토공을 정하고 주수를 둔다면 저들은 반드시 싫어할 것이니, 그들을 오래 머물러 있게 할 수 없다. 김인우를 그대로 안무사로 삼아 도로 우산·무릉 등지에 들어가 그곳 주민을 거느리고 육지로 나오게 함이 마땅하다."

이렇게 해서 김인우는 울릉도로 다시 들어가 주민들을 모두 데리고 나오게 됐다. 지금 울릉도 태하 성하신당聖霞神堂에 전해 내려오는 '동남동녀童男童女 전설'은 이때를 배경으로 한다. 1417년 태종의 명에 따라 다시 울릉도로 들어간 김인우가 주민들과 함께 돌아오기 전날 꿈에 동해의 해신海神이 나타나 "동남동녀 한 쌍을 울릉도에 두고 가라"고 했다. 그 말을 따르지 않자 풍랑이 일어 배를 띄우지 못했다. 결국 남자아이와 여자아이 한 쌍을 뽑아 이렇게 말했다. "내가 기거하던 곳에 붓과 벼루를 놓아두고 왔으니 가서 좀 가져오너라." 심부름을 보내고 나니 풍랑이 잦아들었고, 김인우와 주민들은 아직 돌아오지 않은 두 아이를 내버려둔 채 배를 타고 무사히 돌아올 수 있었다고 한다.

그런데 '울릉도판 아담과 이브'로 전개될 것 같던 이 전설에는 뜻밖의 슬픈 반전이 있다. 8년 뒤 김인우가 울릉도에 다시 파견돼 기거하던 곳으로 가보니 꼭 껴안은 두 어린아이의 백골이 있었다는 것이다. 어른들이 모두 떠나 무인도가 돼버린 울릉도에서 추위와 굶주림을 끝내 이기지 못했던 것이다. 김인우가 이들을 위해 사당을 지어줬다는 것이 이 전설의 결말이다.

이 전설은 무슨 얘기를 하고 있는 것일까? '쇄환 정책으로도 울릉도는 결코 무인도가 되지 않았다'는 의미로 읽어야 하지 않을까. 우선 김인우가 8년 뒤 왜 울릉도로 돌아왔는지부터 살펴보자. 1417년 울릉도에서 쇄출되어 평해에 살던 주민 김을지 등 28명이 다시 울릉도에 몰래 들어갔다. 이들 중 7명이 1425년 5월 몰래 배를 타고 평해로 나왔다가 붙잡혔다. 이 때문에 김인우는 석 달 뒤 '우산무릉등처 안무사'의 직함으로 병선 두 척을 거느리고 다시 울릉도에 갔던 것이다.

결국 김인우는 울릉도를 수색해 나머지 주민들을 붙잡아 온다. 28명 중에서 7명은 이미 평해에서 체포됐고, 김인우가 잡아온 사람이 '20여 명'이라고 했으니 나머지 21명이 모두 울릉도를 떠난 것이 된다. 공식적인 기록으로는 그런 셈이다. 그런데 '사당'을 지었다니? 누군가 섬에 남아 오래도록 사당을 관리하는 사람이 있었다는 얘기다.

김인우가 주민을 다시 쇄환하는 과정에서 병력 손실이 있었다. 배 두 척 중 수군 46명이 탄 배가 풍랑을 만나 실종됐던 것이다. 세종은 이들이 모두 죽었을 것이라고 생각하고 어명으로 초혼제까지 치렀는데, 이들 중 장을부張乙夫 등 10명이 이해 12월 일본에서 극적으로 살아 돌아온다. 표류하다 일본 해안에 상륙해 극진한 대우를 받은 뒤 대마도를 거쳐 귀환한 것이다. 요즘 같으면 헤드라인을 장식했을 뉴스다.

이들은 나머지 36명이 모두 익사했다고 보고했는데, 만약 그중 일부라도 목숨을 건졌다면 당연히 울릉도에 표류해 주민이 될 수밖에 없었을 것이다. 그런데 수백 년 동안 이런 식으로 풍랑을 만난 일이 과연 이 사건뿐이었을까? 더구나 뒤에 안용복의 예에서 보이지만, 오랜 쇄환 정책 속에서도 이 지역에서 어업 활동을 했던 조선인들은 분명히 존재했다.

처음 병력 손실 보고를 들은 세종은 이렇게 탄식했다. "인우가 20여 인을 잡아왔으나 40여 인을 잃었으니 무엇이 유익한가. 이 섬에는 다른 산물도 없으니, 도망해 들어간 것은 단순히 부역을 모면하려 한 것이구나!" 그리고 돌아온 주민들을 새로 벌하는 대신 충청도 산골로 보내 살게 하고 3년 동안 복호復戶하게 했다. 복호란 부역과 조세 면제였다. 땅을 새롭게 일궈 농사를 지어야 하니 처음엔 생산이 변변찮을 것을 고려한 조치로 대단히 관대한 처분이 아닐 수 없었는데, 이 조치에서는 '섬으로 달아난 백성들을 번번이 모두 잡아오는 건 불가능하다'는 깨달음이 읽힌다.

실제로 태종·세종 연간의 세 차례 쇄환 이후에도 울릉도는 무인도가 된 것이 아니었고, 조선 주민이 계속 거주했다는 기록이 여러 곳에서 보인다. 해안에 철책을 세우지 않는 이상 백성이 바다를 건너가는 일을 완전히 막을 방도는 없었던 것이다. 김인우가 세운 '동남동녀 사당'이란 '쇄환'이 결코 '공도空島', 그러니까 섬을 완전히 비우는 조치가 아니었음을 시사하는 것으로 보인다.

이제 '조선 초의 공도 정책으로 울릉도는 빈 땅이 됐다'는 주장에서 '공도 정책'이라는 용어의 문제점을 살펴볼 필요가 있다. 이 말은 한국측 기록에는 나오지 않으며, '조선 조정이 백성을 철수시켜 영유권을 포기했기 때문에 일본인들이 그 빈 땅에 들어와 어업 등 경제 활동을 하면서 영유권을 확보했다'는 논리를 내세우기 위해 일본 학자들이 만들어낸 것이다. 구체적으로는 '무릉도와 우산도가 같은 섬'이라고 주장했던 가와카미 겐조가 1966년 『다케시마의 역사지리학적 연구』라는 책에서 처음 사용했다.

그러나 임영정 동국대 명예교수는 "조선왕조가 시행한 도서민의 쇄환 조치를 단순히 '공도 정책'이란 용어로 설명하는 것은 무리가 있다"고 말한다. "조선에서 도서 지역 거주민을 쇄환 조치한 사실로부터는 영토와 영유권 행사 포기의 의미를 찾을 수 없다"는 것이다. 쇄환이란 국가의 통치 체제를 유지하기 위한 목적에서 한시적으로 취한 조치일 뿐이다.

'주민을 쇄환한 이상 이제 우리 땅이 아니다'라는 의식을 지니고 있었다면, 과연 계속해서 지리지를 편찬하면서 울릉도와 독도에 대한 인문학적 정보를 파악할 이유가 있었을까? 더구나 17세기 안용복 사건 이후에 조선 조정은 1, 2년 간격으로 관리를 파견해 주기적으로 순찰하는 수토搜討(무엇을 알아내거나 찾기 위해 조사함) 정책을 본격화한다. 남의 나라 땅이라면 자국 관리를 보낼 리가 없다. 울릉도와 독도가 조선 국내법이 적용되는 자국 영토였다는 의미다.

하지만 조선 조정의 울릉도 파견에는 183년이라는 '간극', 즉 틈새가 있었다. 김인우를 안무사로 파견한 이후 울릉도는 '무인도'로서 관리됐지만 1511년(중종 6년)을 끝으로 오래도록 관리 파견이 중단됐다. 이후 다시 관리가 파견된 것은 1694년(숙종 20년)의 일이었다. 국가의 관리가 미치지 않았던 이 기간 동안 일본인이 조선 영토인 울릉도와 독도에 접근할 수 있었던 것이다. 뒤에서 살펴보겠지만, 그렇다고 두 섬이 일본 영토가 됐던 것은 결코 아니다.

학생들에게 강의할 때 조선왕조의 '쇄환 조치'를 알기 쉽게 설명하기 위해 이런 비유를 든다. 내가 우리집 말고 시골 어느 곳에 별장을 갖고 있다고 치자. 여러 가지 사정으로 별장을 제대로 관리할 수 없어서 자식들에게 그곳에 가지 말고 당분간 비워두라고 했다. 그랬더니 어느 날 이웃 동네 양아치들이 마음대로 별장에 들어와 라면도 끓여 먹고 잠도 자고 하더니 아예 '이 별장은 우리 것'이라고 주장하고 나선다. 이게 말이 되는가? 그런데 자식 중 한 명이 그 양아치들 집에까지 찾아가 따지고 돌아왔고(안용복 사건), 이후 나는 양아치들의 부모와 의논(울릉도 쟁계爭界)한 뒤 그들로부터 '별장은 너희 것이 맞다'는 확인을 받는다(1696년 일본의 도해 금지령). 결정적으로 그 양아치들 집에선 자식들에게 보여주기 위해 '그 별장은 우리 것이 아니다'라는 문서까지 작성한다(태정관 지령). 그런데 세월이 흐르고 나서 그 확인이나 문서를 모두 잊어버린 양아치의 후손이 '별장은 우리 것이니 내놔라'라고 막무가내로 나오고 있다.

조선 초의 '무릉도·우산도 쇄환 조치' 과정에서, 지금 보면 아찔한 대목이 하나 등장한다. 첫 무릉도 쇄환 명령 4년 뒤인 1407년(태종 7년), 대마도의 다이묘大名(일본에서 각 지방의 영토를 다스렸던 유력자)인 소 사다시게宗貞茂가 공물을 바치면서 '여러 부락을 거느리고 무릉도로 가서 옮겨 살게 해달라'고 청한 것이다. 조선과 일본 사이에 있는 대마도는 형식상 조선과 일본 양국의 신하였다. 이것을 대마도측의 귀순 의사로 해석한 태종은 "월경해 오면 저쪽(일본)에서 반드시 말이 있을 것이다"라며 허락하지 않았다. 하지만 이 요청이 귀순하겠다는 것이 아니라 '무릉도를 우리에게 달라'는 것이었다면? 우리는 결과적으로 15세기에 이 섬을 일본측에 빼앗겼을 수도 있다.

그런데 지금 우리는 어느 섬을 얘기하고 있는 것인가? 독도?

아니다. 그것은 절반만 맞는 얘기다.

쇄환 조치를 취한 섬도, 대마도측이 옮겨 살기를 요청했던 섬도, 일본측이 공도 정책을 강조하며 자신들이 영유권을 확보했다고 우기는 섬도, 모두 독도만이 아니다.

그것은 독도를 부속 섬으로 지니고 있는, 독도보다 훨씬 큰 섬, 바로 울릉도였다. 이 문제에 대해서는 뒤에서 다시 상세히 설명하겠다.

일본은 '도해 면허'를 스스로 철회했다

울릉도와 독도 주변에 일본인이 나타나기 시작한 것은 17세기의 일이었다. 바로 앞에서 말한 '183년의 간극기'에 해당한다. 이 '17세기'에 주목해야 하는 이유가 있다.

일본측이 이렇게 주장하고 있기 때문이다.

"일본은 울릉도로 건너갈 때의 정박장이나 어채지漁採地(고기를 잡는 곳)로 독도를 이용해 늦어도 17세기 중엽까지는 독도의 영유권을 확립했다."

'늦어도'란 말에서는 '아무래도 더 빨리 독도가 일본 땅이 된 것 같지만 자료가 없으니 17세기 중엽 정도로 늦춰준다'는 속셈이 보인다. 몹시 기분 나쁜 말투지만, 이들이 과연 무엇을 근거로 이런 주장을 하는지 살펴볼 필요가 있다.

1618년, 동해에 인접한 일본 돗토리번鳥取藩(번藩은 제후가 다스리는 영지) 요나고米子에 살던 오야 진기치大谷甚吉라는 주민이 돗토리 번주藩主를 통해 에도江戸 막부幕府로부터 다케시마竹島로 건너갈 수 있는 '도해 면허'를 받았다는 것이다. 막부, 일본어로 '바쿠후'는 12세기부터 16세기까지 쇼군將軍을 중심으로 실권을 장악한 일본의 무사 정권을 일컫는 말이다.

면허가 발급된 해에 대해서는 1618년이란 설과 1625년이란 설이 있다. 당시 일본에서 말하는 '다케시마'는 독도가 아니라 울릉도였다.

그러니까 일본 정부가 '바다를 건너가 울릉도로 가도 좋다'는 허락을 했으니 바로 이것이 그 섬이 일본 땅이 됐다는 증거가 아니냐는 것이다. 이것이 마치 독도가 일본 땅이라는 움직일 수 없는 증거인 것처럼 포장돼서 저들 논리의 중요한 부분을 이루고 있다.

오야 진기치가 건너가고 싶었던 섬은 울릉도였다. 그는 일본 북쪽에서 배를 타고 돗토리로 돌아가다 태풍을 만나 한 섬에 상륙했는데, 그 섬이 울릉도였다. 오야는 그곳의 삼림과 수산 자원이 풍부한 것을 보고 돗토리로 돌아간 뒤 무라카와 이치베에村川市兵衛와 함께 도해 면허를 신청해 발급받았다. 그래서 오야 가문과 무라카와 가문은 70년에 가까운 기간 동안 울릉도의 나무와 어패류를 일본으로 가져오는 '독점 사업'을 벌여 큰돈을 벌었다. 일본측은 이 불법 행위를 '독도 영유권 확립'의 근거로 들면서 "독도는 울릉도로 도항하기 위한 항행의 목표나 도중의 정박장으로서, 또 강치나 전복 포획의 좋은 어장으로서 자연스럽게 이용됐다"고 천연덕스럽게 말한다.

여기에 대해선 '도해 면허란 내국 섬으로 도항하는 데는 필요 없는 문서이므로, 오히려 일본이 울릉도와 독도를 일본의 영토로 인식하지 않았다는 사실을 입증한다'는 한국측의 반박이 있었다. 그런데 더 중요한 사실이 있다. '알고 보니 남의 나라 땅'이라는 이유로 나중에 가서 면허가 파기됐다는 사실이다.

오야와 무라카와의 이 '도해' 사업이 어떻게 끝났는지에 대해서 일본측은 별 언급을 하지 않고 있다. 결론부터 말하자면 이 '다케시마

도해 면허'는 1696년 1월 "원래 안 되는 일이었다"며 일본 스스로 철회했다. 이것이 에도 막부의 '다케시마 도해 금지령'이었다. 그 배경에는 그로부터 3년 전 조선인 안용복의 1차 도일 사건이 있었다. 1695년 12월 막부가 이 문제에 대해 조사를 해보니 지금의 돗토리현 서부에 있던 호키伯耆 태수가 "다케시마는 호키에 부속하는 섬이 아니다"라고 증언했고, 일본인이 거주하는 섬도 아니라는 것이 면허 취소로 이어지게 됐다. 결정적으로 "호키로부터는 160리 정도이고 조선에서는 40리 정도이므로 다케시마는 조선국의 땅일 것"이라고 판단했다. 그래서 다케시마, 즉 울릉도로 건너가는 것은 잘못된 일이었다며 금지했던 것이다. 지금이라면 70년 동안 불법으로 채취한 물품에 대해 막대한 배상을 해야 했을 일이다.

이런 자료 앞에서도 일본인들은 억지 주장을 한다. "울릉도(다케시마)로 건너가는 걸 금지한 것이지, 울릉도에 가기 전에 먼저 닿는 독도(마쓰시마)로 가지 말라는 말은 없지 않느냐"는 얘기다. 두 손으로 '가위바위보'를 한 다음에 '하나 빼기'를 하면 손 하나는 남는 것 아니냐는, 아이들 놀이가 연상되는 측은한 논리다. 하지만 당시 일본이 오직 독도만을 목표로 도항한 적은 없었다. 당시 막부의 질문에 대해 돗토리번은 "마쓰시마(독도)에 고기 잡으러 가는 것은 다케시마(울릉도)로 가는 길에 그 섬이 있기 때문"이라고 했다.

다시 강조하지만, 한국뿐 아니라 일본측의 모든 기록에서 독도는 울릉도의 부속 섬이었고, 두 섬은 항상 '한 쌍', '한 묶음'으로서 자료에 등장했다. 울릉도를 죽도竹島, 독도를 송도松島라고 불렀던 것 자체가 일본의 언어 관습상 '송죽松竹'이 항상 쌍으로 붙어 다닌 데서 유래했다. 울릉도를 '죽도'라 불렀기 때문에 자연스럽게 그 부속 섬에는 '송도'라는 이름이 붙었던 것이다. 독도를 울릉도와 분리하는 일본측의 인식은 19세기가 끝날 때까지도 거의 드러나지 않았다.

한때 일본측이 '독도가 처음으로 등장한 일본 문헌'이라고 강조했으나 요즘에는 별로 언급하지 않는 문헌이 있다. 연구가 진척된 결과 도리어 '독도는 일본 땅이 아니었다'는 것을 명백히 보여주는 자료였기 때문이다. 그것이 1667년에 나온 「은주시청합기」다.

「은주시청합기」는 현재 일본의 시마네현에 해당하는 마쓰에번松江藩의 관리 사이토 호센齋藤豊仙이란 사람이 쓴 책이다. 그가 번주의 명을 받고 지금의 오키 섬인 인슈(은주隱州)를 순시하면서 보고 들은 것을 보고서로 작성했다. 여기서 비로소 '다케시마竹島'와 '마쓰시마松島'란 이름으로 울릉도와 독도가 등장한다는 것이다. 그런데 그 대목을 읽는 한국인으로선 미소가 절로 지어질 만하다.

> (인슈에서) 서북 방향으로 1박 2일을 가면 마쓰시마(독도)가 있다. 또 하루 정도 더 가면 다케시마(울릉도)가 있다. (…) 이 두 섬은 무인도인데, (여기서) 고려(조선)를 보는 것이 마치 이즈모出雲에서 오키 섬을 보는 것과 같다. 그러므로 일본의 서쪽 경계지는 이 주此州로써

그 한계를 삼는다.

'울릉도와 독도에서 조선을 보는 것이 이즈모에서 오키 섬을 보는 것과 같다'는 말이 무슨 뜻인지는 초등학생도 쉽게 알 수 있다. 이즈모는 현재 일본 시마네현에 있는 해안 도시다.

[(일본 해안)~(오키 섬)] = [(조선 해안)~(울릉도와 독도)]

오키 섬이 일본에서 가까운 만큼, 울릉도와 독도는 조선에서 가깝다는 것이다. '그렇기 때문에' 일본의 서쪽 한계는 '이 주'라고 할 때 '이 주'란 당연히 은주, 즉 인슈라 불린 오키 섬이 된다. 한마디로 '오키 섬은 일본 땅, 울릉도와 독도는 조선 땅'이라는 뜻이다. 책 제목 자체가 인슈에 관한 것이고 이 대목에서 주州라고 지칭된 것은 오키 섬밖에 없다. 울릉도와 독도를 주라고 부르지는 않았다.

그런데도 일본측에선 엉뚱하게도 "'이 주'라는 것은 도島를 말하는 것이다"라고 해석하여 '울릉도와 독도까지가 일본 서쪽 영토'라는 기막힌 주장을 했다. 이 해석은 심지어 1953년 8월 일본 외무성 각서에 등장하기도 했다. 한국과 일본 학자들 사이에서 이 문제는 오래도록 논쟁거리가 되어왔는데, 2000년대에 이르러 나고야 대학의 이케우치 사토시池內敏 교수 등이 「은주시청합기」의 여러 판본을 검토한 결과 '이 주'는 '오키 섬이 분명하다'는 결론을 얻었다.

「은주시청합기」의 이 기록은 '울릉도와 독도는 일본 땅이 아니라 조선 땅'이라는 당대 일본의 인식을 명백히 보여주는 동시에, 이후 일본

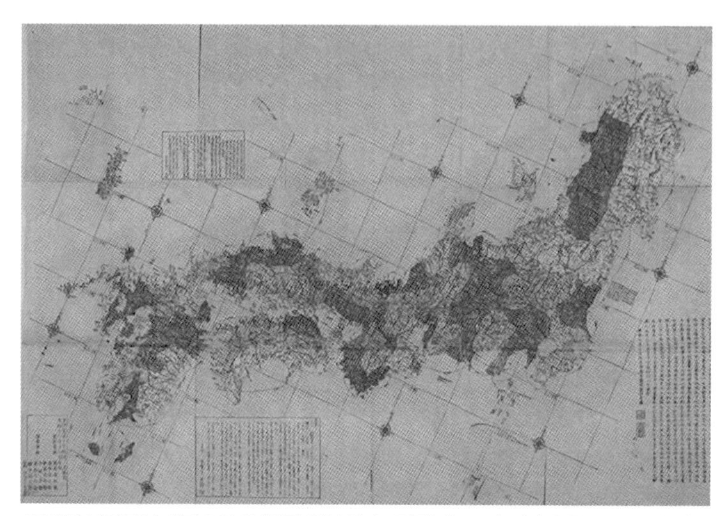

1779년 나가쿠보 세키스이의 〈개정 일본여지노정전도〉. 오키 섬과 울릉도·독도가 있는 부분을 확대(옆 사진)해보면 일본 영토인 오키 섬과 달리 왼쪽 위에 있는 울릉도와 독도는 경위도선 밖에 채색하지 않은 땅으로 그려져 있다. 일본 영토가 아니라는 뜻이다. (일본 메이지대도서관 소장)

의 지도에도 영향을 미쳤다. 대표적인 것이 1779년에 나온 나가쿠보 세키스이長久保赤水의 〈개정 일본여지노정전도改正日本輿地路程全圖〉다. 근대의 경위도선을 표시한 가장 대표적인 지도라고 평가받는 유명한 지도다. 여기에 울릉도와 독도가 그려져 있기 때문에 일본측에선 그것이 "독도가 일본 땅이라는 증거"라고 주장하는데, 지도를 자세히 보면 그야말로 헛웃음이 나올 만하다. 아마도 처음에 이 주장을 했던 일본인은 지도의 흑백 사진만 본 모양이다.

이 지도는 일본의 각 지역을 구획해서 각기 다른 색으로 채색했는데, 조선 본토와 울릉도·독도는 경위도선 밖에 채색되지 않은 채 그려져 있다. 그 이유는 하나뿐이다. '울릉도와 독도는 일본 땅이 아니다'라는 뜻이다. 더구나 지도 속 울릉도와 독도를 자세히 보면 이런 문구가 적혀 있다. "(여기서) 고려를 보면 마치 이즈모로부터(이즈모에서) 인슈를 보는 것 같다." 빙고! 이것은 「은주시청합기」의 바로 그 문장이다. 이쯤 되면 독도 영유권을 주장하는 일본인들은 '멘탈 붕괴' 상태에 빠지기 일쑤다.

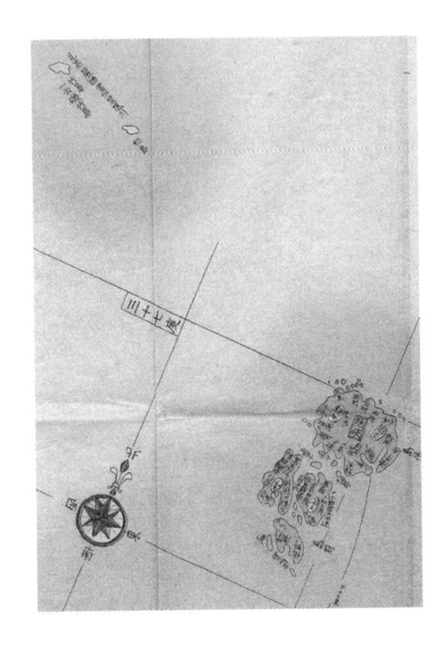

이 지도뿐 아니다. 하야시 시헤이林子平의 〈삼국접양지도三國接壤之圖〉(1785)는 상당히 유명한 지도인데, 일본 열도는 초록색으로 채색된 반면 울릉도와 독도는 한반도와 같은 노란색으로 채색된 것을 볼 수 있다. 그 왼쪽에는 친절하게도 '조선의 소유朝鮮ノ持也'라고 써놓았다. 이 지도는 1850년대 일본과 미국 사이에 오가사와라小笠原 군도를 둘러싼 분쟁이 일어났을 때 막부의 공식 지도로 사용됐다.

이 밖에도 〈일본변계약도日本邊界略圖〉(1809), 〈대일본연해여지전도大日本沿海輿地全圖〉(1821), 〈다케시마 방각도竹島方角圖〉(1838) 등 수많은 일본 옛 지도들이 울릉도와 독도를 조선 땅으로 그려놓고 있다. 사실 신기

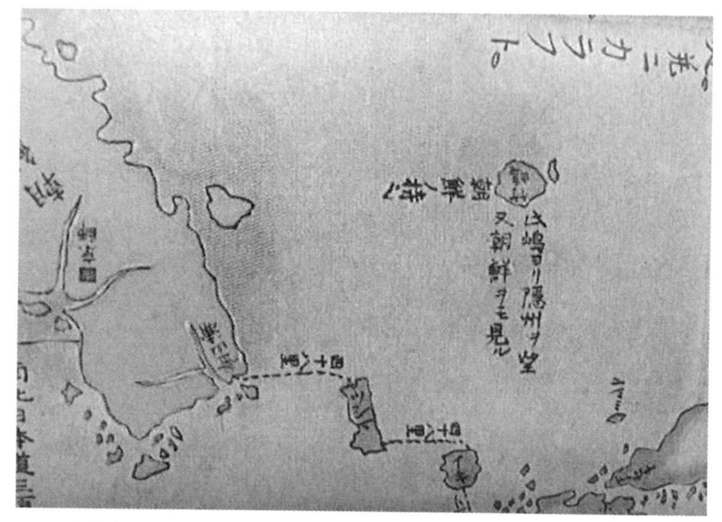

1785년 하야시 시헤이林子平의 〈삼국접양지도〉 중 울릉도·독도가 그려진 부분을 확대한 것. 한반도와 같은 노란색으로 채색됐다. 섬 왼쪽에는 '조선의 소유朝鮮ノ持也'라고 명기했다. (한국 국회도서관 소장)

할 것 하나 없다. 1696년의 '다케시마 도해 금지령' 이후 울릉도와 독도가 일본 땅이 아니라는 것이 공식화되었으니 그것이 지도 제작에 반영됐음은 당연한 결과이기 때문이다.

요즘도 가끔 '독도를 조선 땅으로 그린 새 일본 지도가 나왔다'며 신문사에 기사화를 요청하는 사람이 있는데, 솔직히 말하자면 이젠 별 기삿거리도 되지 않는다. 이미 오래전에 알려진 〈삼국접양지도〉 같은 자료를 최초라며 '공개'하는 일도, 그런 제보를 기사로 쓰는 일도 종종 보인다. 〈개정 일본여지노정전도〉만 해도 지금까지 여러 차례 뉴스 기사에서 '처음 공개'되는 자료인 것처럼 소개됐었다. 심지어 울릉도 독도박물관에 버젓이 소장된 자료를 '처음 나왔다'며 기사화하는 촌극도 있었다. 가끔 특종 기삿거리인 것 같다며 흥분하는 후배 기자들에게 "독도 지도 관련 제보의 95퍼센트는 뉴스가 아니고, 지도 한 장으로 상황이 달라질 가능성은 극히 적다"고 말해주면 무척 실망한 표정을 짓는다. 하지만 특종이란 것은 그렇게 손쉽게 이뤄낼 수 있는 것이 아니다.

뒤에서 다시 설명하겠지만, 울릉도와 독도를 지칭하는 일본의 명칭이 처음엔 '다케시마'와 '마쓰시마'였다가, 뒤에 가서는 '마쓰시마'와 '다케시마'로 바뀐 것도 자기들 주장대로 독도가 '17세기부터 고유 영토'였다면 있을 수 없는 일이다. 우리나라에서 '제주도'와 '마라도'의 명칭이 언제부턴가 서로 바뀌어 제주도가 마라도가 되고 마라도가 제주도가 되는 일이 일어날 수 있었겠는가? 울릉도와 독도가 일본 영토 바깥에 있었기 때문에 가능한 일이었다는 얘기다.

어부 안용복과 영의정 남구만

이제 조선 역사에서 가장 유명한 어부, 숙종 때 사람 안용복에 대해 말할 때가 됐다.

사실 안용복을 둘러싼 이야기에선 그를 '민족 영웅'이나 '장군'으로 떠받들기보다 오히려 최대한 냉정히 바라봐야 사태를 객관적으로 파악할 수 있다. 엄밀히 따지자면 그의 행적에는 무단으로 국경을 넘고 관직을 사칭하는 등 분명히 당시의 국법을 의도적으로 어긴 흔적도 있고, 증언 속에는 더러 착각이나 과장도 없지 않아 보인다. 하지만 분명한 것은, 안용복의 활동을 계기로 17세기 말 조선과 일본 사이에 '울릉도 쟁계'라 불리는 논의가 일어났으며, 그 과정을 통해 '울릉도와 독도는 조선 땅'이라는 영토상의 교통정리가 이뤄졌다는 사실이다.

두 차례에 걸친 안용복의 도일 과정은 매우 복잡한 스토리이기 때문에 일단 최대한 요약해서 파악해볼 필요가 있다. 1693년(숙종 19년) 동래 어민 40여 명과 울릉도에서 고기잡이를 하던 동래 수군 출신 안용복은 그곳에서 고기를 잡기 위해 침입한 일본 어민을 힐책하다가 부하 박어둔朴於屯과 함께 납치됐다. 이 일본인들은 1618년의 '다케시마 도해 면허' 이후 울릉도로 건너와 고기잡이를 하던 자들이었다. 안용복은 오키 섬과 요나고에서 심문을 받고 나가사키와 대마도를 거쳐 조선으로 송환됐다.

이 과정에서 안용복이 지금의 도쿄인 에도까지 가서 막부의 최고 실권자인 관백關白을 만나 울릉도와 독도가 조선 땅이라고 주장했고, 마침내 '두 섬은 일본 땅이 아니므로 일본 어민들의 출어를 금지하겠다'는 서계書契를 받았지만 나가사키에서 대마도주에게 빼앗겼다는 얘기가 있었다.

이 스토리가 과거엔 정설처럼 받아들여졌다. 하지만 최근의 연구에서는 1차 도일의 일정을 꼼꼼하게 분석해보면 안용복이 에도까지 갔다 왔다고 보기에는 무리라는 점이 지적됐고, 빼앗겼다는 막부의 서계도 물증이 남아 있지 않은 상태다. 아직은 전혀 이름이 알려지지 않았던 일개 어부에게 일본 최고 권력자인 관백이 그런 서계를 써줬다는 것 자체가 믿기 어려운 일이기도 하다. 그러나 2차 도일 이후의 상황까지 모두 들여다보면 알 수 있겠지만, 설사 그런 것을 받지 않았다 해도 안용복이 이뤄낸 외교상의 성과가 축소되는 것은 아니다.

어찌됐든 대마도측에서 조선 조정에 가져온 서계의 내용은 '조선 어민이 일본 영토인 죽도(울릉도)에서 고기 잡는 것을 금지해달라'는 내용이었다. 이것은 일본 정부가 아니라 쓰시마번(대마도)에서 작성한 서계였기 때문에, 일본측의 공식 입장이 아니라 여전히 울릉도에 대한 야욕을 지니고 있었던 대마도측의 의중이 반영된 것으로 봐야 한다.

안용복은 1693년 12월 조선측에 인도됐고, 이듬해 1월, 조선측은 일본측에 회답서인 「예조 복서禮曹覆書」를 보냈다. "우리나라 울릉도일지라도 마음대로 왕래하지 못하게 하는데 하물며 더 먼 섬을 왕래하게 하겠느냐. 귀국 경계인 죽도竹島에 들어가는 일이 없도록 법을 더 엄히 하겠다"는 내용이었다. 외교적인 수사를 걷어내면 '너희 땅이라는 죽도가 어디인지는 우리가 알 바 아니지만, 울릉도는 분명 우리 땅이니 꿈도 꾸지 말라'는 뜻이었다. 이 말을 대충 읽고 '울릉도는 우리 땅, 독도는 너희 땅'이란 의미로 이해하면 그야말로 큰일난다. 당시 '다케시마(죽도)'는 독도가 아니라 울릉도였고, 독도(우산도)는 당연히 울릉도의 속도였다.

분통이 터졌을 것이 분명한 일본측 사신은 '울릉도' 부분을 삭제해 줄 것을 끈질기게 요청했지만 끝내 관철하지 못하고 대마도로 돌아갔다. 대마도는 포기하지 않았다. 1694년 8월에 대마도주는 또 사신을 보내 「예조 복서」를 반환하면서 이대로는 곤란하니 다시 작성해달라고 요청했다.

여기서 우리가 안용복 못지않게 꼭 이름을 기억해야 할 사람이 등장한다. 옛 국어 교과서에 실렸던 시조 '동창이 밝았느냐 노고지리 우지진다'를 많은 사람이 기억하고 있을 것이다. 바로 그 시조의 저자인 '일인지하 만인지상一人之下 萬人之上'의 영의정, 소론의 영수이자 당시 나이 66세의 남구만南九萬(1629~1711)이었다. 「울릉도」 기록을 남긴 박세당의 처남인 그는 7년 뒤인 1701년 장희빈의 처벌을 무겁게 하자는 노론에 맞서 가벼운 벌을 주장하다 장희빈에게 사약을 내리기로 결정되자 스스로 사직한 인물이다.

흔히 숙종 때의 '민간 외교관' 안용복의 공적을 드러내면서 '조정 대신들의 영토 수호 의지가 안용복에 미치지 못했다'고 생각하기 쉬운데, 『숙종실록』을 자세히 보면 조정을 대표하는 영의정이 이 문제에 대해 어떤 생각을 가지고 있었는지 알 수 있다. 그가 당시 임금에게 아뢴 말의 전문全文을 살펴보자.

"동래 부사의 보고에 왜인이 또 말하기를 '조선 사람은 우리의 죽도에 마땅히 다시 들어오는 것을 금지해야 할 것'이라고 하는데, 신臣이

『지봉유설芝峰類說』을 보니 '왜노倭奴(일본인을 비하한 호칭)들이 의죽도礒竹島를 점거했는데, 의죽도는 곧 울릉도'라고 했습니다. 지금 왜인의 말은 그 해독이 장차 한정이 없을 것인데, 전일 왜인에게 회답한 서계가 매우 모호했으니, 마땅히 접위관接慰官(일본 사신을 접대하기 위해 조선에서 파견한 관원)을 보내 전일의 서계를 되찾아 와서 그들이 남의 의사를 무시하고 방자하게 구는 일을 바로 책망하는 것이 좋겠습니다. 신라 때 이 섬을 그린 그림에도 또한 나라 이름이 있고 토공(토산물)을 바쳤으며, 고려 태조 때 섬사람이 방물을 바쳤으며, 우리 태종 때 왜적이 침입하는 근심을 견딜 수가 없어서 안무사를 보내 유민을 찾아내게 하고는 그 땅을 텅 비워두게 했으나, 지금 왜인들로 하여금 거주하게 할 수는 없습니다. 조종祖宗(임금의 조상)의 강토를 또한 어떻게 남에게 줄 수 있겠습니까?"

숙종 때까지는 아직 신라 때 만든 지도가 남아 있었던 모양이다. 남구만이 인용한 『지봉유설』은 조선 중기의 실학자 이수광李睟光(1563~1628)이 1614년(광해군 6년) 저술한 한국 최초의 백과전서적 저술이다. 이 책의 '울릉도' 항목에 남구만이 언급한 대목이 나오며, '의죽도'는 '기죽礒竹'이라고도 한다는 서술이 있다. 기죽이란 일본인들이 울릉도를 부르던 다른 이름인 '이소다케시마礒竹島'다. '이소'란 바위가 많은 바다나 호숫가란 뜻이다. 『지봉유설』의 저술 시기는 일본이 '다케시마 도해 면허'를 발급한 1618년보다 4년 앞서니, 책에서 말한 '왜노가 울릉도를 점거했다'는 것은 임진왜란 때의 상황을 말한 것으로 봐야 한다. 하지만 남구만이 이 말을 한 1694년은 '도해 면허' 발급 이후 70년 넘게 일본인이 울릉도에서 어업 활동을 하던 시기였으니 '울릉도가 점거됐다'는 표현이 결과적으로 틀리지 않은 셈이 된 것이다.

이제 우리는 인식을 교정해야 할 필요가 있다. '안용복 당시 조선 숙종 때의 관료들 역시 영토 문제에 대해 분명한 수호 의식을 갖고 있었다'고 말이다. 안용복 사건이 계기가 되긴 했지만, 일본측에 '울릉도가 조선 땅'임을 임금 앞에서 확실히 밝힌 사람은 영의정 남구만이었다.

남구만이 고쳐 다시 일본측에 건넨 답서는 대마도 입장에서는 그야말로 '혹 떼려다 혹 붙인' 격이었다. "조선인이 어채하던 땅은 본래 울릉도인데 대나무가 나기 때문에 더러는 (너희 일본이) 죽도라고도 한다. 이는 하나의 섬을 두 가지 이름으로 부르는 것이다." 이전 '죽도가 어딘지는 모르겠지만 울릉도는 우리 땅'이란 입장에서 '죽도는 울릉도의 다른 이름이니 영토 침범은 꿈도 꾸지 말라'는 입장으로 확고하게 바뀐 것이다. 이 답서는 조선 땅에서 조선인(안용복과 박어둔)을 잡아간 잘못을 말하고 일본인의 울릉도 왕래를 금지할 것을 대마도에서 막부에 요청해달라고 했다. 대마도에선 조선측의 입장이 강경해진 데에는 안용복의 진술이 영향을 미쳤을 거라고 의심했다.

대마도의 쓰시마번은 이 문제를 막부와 의논하기로 결정했고, 대마도 번주의 아버지인 소 요시자네宗義眞가 에도로 가서 '다케시마(울릉도)가 일본 땅이라는 것을 명백히 해달라'고 요구했다. 그 결과 대마도 측의 의도와는 정반대로 나온 것이 앞서 언급했던 1696년 1월의 '다케시마 도해 금지령'이었다. 영토 문제에 관한 한 21세기 초의 일본 정부와 달리 17세기 말의 막부의 판단은 무척 합리적이었던 셈이다. 한 어부의 피랍 사건이 울릉도와 독도의 역사에서 터닝 포인트가 됐던 것이다.

사실 이것으로 울릉도와 독도를 둘러싼 외교전은 조선측의 승리로 끝난 셈이었다. 그런데 예기치 못한 사건이 발생했다. '어업이 금지된 울릉도에 간데다 허락 없이 일본까지 간 죄'로 약 2년 동안 구금됐던 안용복이 나라에 알리지 않은 채 2차 도일을 감행했던 것이다.

1696년, 일본이 두 섬을 조선 땅이라 인정한 해

안용복이 2차 도일에 나섰던 것은 1696년 3월, 아직 두 달 전 내려진 '다케시마 도해 금지령'의 내용이 에도(도쿄) 바깥의 일본과 조선 어디에도 알려지기 전의 일이었다. 1차 도일 때의 억울함을 풀기 위해 일본으로 가려던 안용복은 떠나기 전에 승려와 사공, 양반 등 모두 10명을 규합하는 등 철저한 사전 준비를 했다. 이인성李仁成이라는 양반이 포함된 것은 일본에서 소장訴狀을 쓰려면 글을 아는 사람이 필요했기 때문이다. 안용복 일행은 '울릉·자산 양도 감세장'이라는 가상의 직책을 깃발로 내걸고 울산을 떠나 울릉도에 도착, 일본인이 나타나기를 기다렸다. 이들을 뒤쫓아 자연스럽게 일본으로 들어가는 것이 안용복 일행의 계획이었다. 이때의 상황을 나중에 안용복이 진술한 내용이 『숙종실록』에 나오는데, 중요한 대목이다.

일본 어민을 본 안용복은 뱃머리로 나아가 "울릉도는 본래 우리 땅인데, 왜인이 어찌하여 감히 경계를 넘어 침범했느냐? 너희들을 모두 포박해야겠다"라고 큰소리로 꾸짖었다. 이때 안용복은 지체 높은 양반처럼 차려입은 모습이었다고 한다. 일본 어민의 눈에는 영락없는 조선 관리로 보였을 것이다. 기세에 눌린 일본인이 "우리는 원래 마쓰시마(독도)에 거주하는데 우연히 고기잡이하러 나왔다. 이제 원래 거처로 돌아갈 것이다"라고 실토했다.

자, 여기서 만약 안용복이 '그래, 너희 있던 곳으로 빨리 돌아가라'고 했다면 지금 일본측의 구상대로 울릉도와 독도가 각각 조선 땅과 일본 땅으로 나눠지는 그림이 그려질 수 있었다. 하지만 그럴 리가 없었다. 조선에도 일본에도 울릉도와 독도는 '분리될 수 없는 두 섬'이었다. 안용복은 과연 뭐라고 했는가?

> 松島卽子山島, 此亦我國地, 汝敢住此耶?
> 송도는 자산도(우산도의 다른 이름)로서 그곳 역시 우리나라 땅인데, 너희가 감히 거기 산다는 것이냐?

울릉도와 울릉도의 부속 섬인 독도 모두 조선 땅이라는 데 조금의 양보도 있을 수 없다는 뜻이었다. 이것은 안용복이 즉석에서 지어낸 말이 아니라 『세종실록지리지』 이래 조선왕조의 지리적 인식과 일치하는 발언이었다. 안용복 일행은 다음날 아침 배를 모아 독도로 갔다. 일본인들이 가마솥을 벌여놓고 강치 기름을 달이고 있는 것을 보고, 막대기로 쳐서 깨뜨리고 큰소리로 꾸짖었다.

겁을 먹은 일본인들이 짐을 챙겨 배에 타고 일본으로 도주했는데, 안용복 일행은 그들을 뒤쫓아 오키 섬까지 갔다. '호키 태수에게 소송하기 위해서 왔다'고 말하고 기다렸으나 아무 소식이 없자 직접 호키로 건너가 태수(돗토리 번주)를 만나 소장을 제출했다. 이 소장에는 1차 도일 당시 문서를 탈취하고 감금한 대마도측의 비리가 담겨 있었다. 이때가 1696년 5월이었다.

여기서 '안용복이 호키 태수 및 대마도주와 담판하고 울릉도·독도가 조선 땅임을 확인받았다'는 이야기는 본인의 진술에 근거를 둔 것인데, 전후 상황을 살펴보면 조금 과장됐다고 봐야 한다. 물론 '확인'은 분명히 받았을 것이지만, 안용복의 '담판'에 의해서 일본측이 두 섬을 포기한 것이 아니라, 안용복이 호키에 도착하기 4개월 전 이미 막부가 '다케시마 도해 금지령'을 내려 두 섬이 일본 땅이 아니라는 사실을 공식화했던 것이다.

이해 8월 1일 에도에서 돌아온 돗토리 번주는 울릉도 고기잡이를 독점하던 오야·무라카와 두 가문에 '도해 금지령'을 뒤늦게 전달했다.

안용복 일행은 닷새 뒤인 8월 6일 추방됐다. 대마도측이 조선에 이 도해 금지령의 내용을 공식 전달해 '울릉도 쟁계'에 종지부를 찍은 것은 이해 10월의 일이었다. '울릉도와 독도에 더이상 일본인이 발을 들여놓지 못하게 하겠다'는 공식 통보였다.

그리고 이미 많은 사람이 알고 있다시피 조선으로 돌아온 안용복은 다시 죄를 얻어 투옥된다. '상을 줘도 모자랄 판인데 울릉도에 관심조차 없던 무능하고 부패한 조정에서 말도 안 되는 짓을 했다'는 것이 그동안 안용복 위인전기류의 공식 서술이다시피 했다. 여기에 대해서는 조금 생각해봐야 한다. 우선, 앞서 영의정 남구만이 고쳐쓴 서계의 내용이라든가 안용복 사건 이후 조선 정부의 수토 정책 등을 살펴보면 조정이 '울릉도에 관심이 없었다'는 것은 동의할 수 없는 말이다. 울릉도에 주민이 살 수 없게 하는 '쇄출 정책'의 문제점을 지적한다면야 어쩔 수 없는 일이지만 그건 조선 초 태종 때까지 거슬러올라가야 하는 일이다.

'민간 외교관' 같은 개념은 조선 시대에는 존재하지도 않았고, 오히려 민民이 관官을 사칭하는 것에 대해 '참람한 일', 관을 '능멸하는 일'이라는 인식이 강했다. 관존민비官尊民卑 인식이 많이 약해진 지금이라 해도, 국가가 일반인의 출입을 금지한 구역에 들어갔다가 재판을 받고 복역한 사람이 공무원을 사칭해 외국으로 건너가 지자체장을 만나고 이 사실이 중앙정부에 보고됐다면, 그는 귀국한 뒤 처벌 대상이 됐을 것이다.

하지만 당시에도 안용복의 공은 분명히 인정됐고, 이것이 그의 감형 사유가 됐다. 영의정에서 영부사領府事로 자리를 옮긴 남구만은 이렇게 말했다. "안용복이 금령禁令을 무릅쓰고 다시 가서 사달을 일으킨 죄는 진실로 주살하지 않을 수 없습니다. 그러나 대마도의 왜인이 울릉도를 죽도라 거짓 칭하고, 에도의 명이라 거짓으로 핑계 대어 우리나라에서 사람들이 울릉도에 왕래하는 것을 금지하게 하려고 중간에서 속여 농간을 부린 정황이 이제 안용복 때문에 죄다 드러났으니, 이것은 또한 하나의 쾌사快事입니다." 목숨을 건진 안용복은 유배를 가게 됐고, 이후의 행적은 전해지지 않는다.

그렇다면 울릉도·독도를 둘러싼 한일 외교사에서 안용복의 역할은 무엇이었는가? 안용복의 1차 도일 사건이 계기가 돼 일본 막부의 '다케시마 도해 금지령'이 나왔고, 이전까지 모호했던 울릉도와 독도의 영유권이 조선에 있음이 확실해졌다. 그럼 2차 도일의 효과는 무엇이었는가? 안용복이 출항하기 두 달 전에 이미 도해 금지령이 내려졌으므로 그가 굳이 이런 일을 벌이지 않았어도 상황은 이미 정해진 것이 아니었을까. 이에 대해 호사카 유지保坂祐二 세종대 교수는 이렇게 말한다. "안용복 일행이 오키 섬을 거쳐 돗토리번으로 들어갔다는 말을 들은 에도 막부는 그제야 울릉도 도해 금지령을 돗토리번에 전달했다. 결국 안용복 일행의 행동이 조선과 일본의 울릉도 분쟁을 완전히 끝내는 데 기여한 것이다."

이제 1696년은 '일본이 울릉도와 독도를 조선 땅이라고 인정한 해'

로 기억해야 한다.

울릉도와 독도를 둘러싼 조선과 일본의 '영유권 분쟁'은 이렇게 끝났다. 19세기의 「조선국 교제시말내탐서朝鮮國交際始末內探書」와 「태정관 지령」은 모두 1696년 상황의 연장선이자 재확인이었다. 울릉도 쟁계가 끝난 1696년부터 일본이 러일전쟁중 독도에 돌연한 관심을 보이고 탈취하기에 이르렀던 1905년까지 200여 년 동안은 두 번 다시 분쟁이 생기지 않았다. 러일전쟁중 시마네현의 일방적인 독도 편입은 이 분쟁의 맥락과는 전혀 다른 침략이었다.

그런데 이것을 인정하고 싶지 않은 일본측은 『숙종실록』의 안용복 관련 기사를 믿을 수 없다며 딴죽을 건다. 1696년 1월에 막부가 도해 금지령을 내렸는데 어떻게 그해 5월에 일본인이 울릉도와 독도에서 어업 활동을 할 수 있었겠느냐는 것이다. 하지만 이 도해 금지령이 돗토리번에 전달된 것은 그해 8월이었으므로, 울릉도와 독도에서 고기를 잡고 있던 일본인들은 당연히 그런 사실을 모르고 있었다.

게다가 2005년에 새로운 자료가 발굴됐다. 1696년 5월 안용복의 2차 도일 당시 오키 섬의 관리가 안용복 일행을 취조한 기록인 「겐로쿠 9 병자년 조선주착안 일권지각서元祿九丙子年朝鮮舟着岸一卷之覺書」, 일명 「겐로쿠 각서」다. "죽도(울릉도)와 송도(독도)가 강원도에 속한 조선의 영토"로 표기돼 있다. 이 문서는 시마네현 오키 섬 무라카미村上 가문이 소장하고 있다. 일본이 지금까지 '대부분 허구'라고 주장했던 안용복의 행적이 '대부분 사실'이었음이 드러난 것이다.

朝鮮之八道

京畿道

江原道 此道中ニ竹嶋松嶋有之

全羅道

忠清道

平安道

咸鏡道

黄海道

慶尚道

2005년 발굴된 「겐로쿠 9 병자년 조선주착안 일권지각서」. “(조선 팔도 중) 강원도에 죽도(울릉도)와 송도(독도)가 있다”는 안용복의 진술이 기록돼 있다. (일본 시마네현 오키섬 무라카미 가문 소장)

이 기록에서 안용복 일행은 울릉도와 독도가 조선의 강원도에 속한다고 진술했다. 특히 독도에 대해서는 휴대한 ‘팔도지도’를 보여주며 “강원도 안에 자산子山(우산의 다른 이름)이라는 섬이 있는데 이를 (일본에서) 송도(마쓰시마)라 부른다”고 했다는 기록이 있다. 이 지도는 전하지 않는다.

안용복 사건은 오래도록 손을 놓고 있던 울릉도 문제에 조선 조정이 새롭게 눈을 뜨게 하는 계기가 됐다. 숙종은 안용복의 1차 도일 다음해인 1694년(숙종 20년) 가을 9월 삼척영장 장한상에게 울릉도와 주변 도서를 조사하도록 했다. 배 6척에 150명의 수행 인원을 태워 울릉도로 간 장한상은 성인봉에 올라가 ‘동남쪽 300리 떨어진 섬’

독도의 존재를 보고했다. 울릉도를 제대로 관리해야겠다고 판단한 숙종은 주기적으로 관리를 파견해 울릉도를 순찰하는 '수토搜討 정책'을 1699년부터 시행했다. 조선 주민을 발견하면 데려오고, 일본인을 발견하면 쫓아내는 정책이었다. 당대의 현안으로 자리잡은 울릉도 분쟁 문제는 과거 시험의 문제로 출제되기도 했다.

물론 안용복은 17세기 말 울릉도와 독도가 조선의 영토라는 사실을 재확인하는 데 큰 역할을 했다. 하지만 안용복 혼자서 그 문제를 모두 해결한 것은 아니다. 그보다는 안용복 사건을 계기로 1693년에서 1696년까지 4년에 걸쳐 조선과 일본 양국이 두 섬에 대해 정식으로 논의한 '울릉도 쟁계'가 본격적으로 벌어졌다는 것이 더 중요하다. 여기서 조선측이 승리해 일본이 울릉도와 독도에서 물러났다는 것이 역사적 사실이다. 이 문제를 오직 안용복 개인의 활약으로만 보면 자칫 '안용복은 믿기 어려운 인물이다'라는 일본측의 논리에 말려들 수도 있다. 하지만 일본측의 논리라는 게 뭔가? '자기들이 보기엔 못 믿을 인물' 한 명 때문에 일본이 1696년 울릉도와 독도를 포기했다는 것인가? 일본측이 이렇게 강조할수록 자승자박이 될 뿐이다.

일본이 숨기는 논리, '울릉도도 일본 땅'

2011년 독도 서도에는 '독도안용복길'이라는 주소가 생겼다. 일반인에게 안용복은 '독도의 수호자'나 '독도 지킴이'로 알려져 있다. 이 말은 맞는가? 엄밀히 말하면 반쯤만 맞는 말이다. 왜 그런가? 안용복이 조선 땅이라 주장하고 일본측으로부터 '도해 금지'를 이끌어낸 섬은 '독도' 하나가 아니라 '울릉도와 독도'였다. 독도는 울릉도의 부속 섬이기 때문에 어디까지나 무게중심은 '울릉도'에 있었다. 대마도측에서 그렇게 집요하게 조선 조정의 문서에서 빼달라고 요청했으나 거절당했던 문제의 지명 역시 '울릉도'였다.

여기서 우리는 한 가지 중대한 사실을 깨달을 필요가 있다.

그것은 '17세기에 다케시마가 일본의 고유 영토가 됐다'는 일본측의 주장이 정확히 무엇을 말하고 있느냐는 것이다.

'오야 가문과 무라카와 가문이 도해 면허를 받아 약 70년 동안 이 지역에서 독점적인 어업 활동을 했다'는 주장의 속뜻은 무엇일까? 반론 없이 일본측의 주장을 그대로 한번 따라가보자. 조선왕조가 주민을 모두 데려가 비워놓은 섬이므로 사실상 영유권을 포기했고 → 이 섬으로 건너가도 좋다는 '면허'를 일본 정부로부터 받았으며 → 그곳에 정박하면서 어업 활동을 했으니 → 그때 이미 일본 땅이 된 것이다. → 더구나 1779년의 〈개정 일본여지노정전도〉에도 이 섬이 그려져 있다. → 안용복의 활동으로 이 섬이 조선 땅이라는 것이 확인됐다는 얘기는 허구다(물론 이 논리의 흐름에선 1696년 일본 정부가 울릉도와 독도의 도해 면허를 철회했다는 사실은 은폐된다).

여기서는 도대체 무슨 섬을 말하고 있는 것인가?

독도만 얘기하는 것이 아니다. 울릉도와 독도다.

다시 말해, '17세기 중엽 영유권 확립'이라는 일본의 논리를 따라가면 '울릉도와 독도 모두 일본 땅'이라는 결론에 이르게 되는 것이다. '울릉도를 일본 땅으로 만들겠다'는 침략의 논리와 다를 바 없다.

19세기까지 한일 양국의 어느 문서에서도 두 섬을 따로 떼어 언급한 적은 거의 없었다. 조선은 '울릉(무릉)과 우산(자산)'이라 불렀고, 일본은 '다케시마(죽도)와 마쓰시마(송도)'라고 불렀다. 독도는 언제나 울릉도의 부속 섬이었으며, 오키 섬의 부속 섬으로 등장한 적은 없었다.

1836년 일본 하마다번浜田藩의 운송업자 이마즈야 하치에몬今津屋八右衛門(1798~1836)이 도해 금지령을 어긴 사건이 있었다. 그는 울릉도에 몰래 건너와 목재와 인삼 등을 싣고 일본으로 돌아갔다가 적발돼 처형됐는데, 그의 진술에 의해 관리가 그려 『다케시마 도해일건기竹嶋渡海一件記』에 수록한 〈다케시마 방각도〉에는 다케시마(울릉도)와 마쓰시마(독도)가 나란히 그려졌고, 조선 영토와 같은 색으로 채색돼 있다. 19세기에 와서도 여전히 두 섬을 분리해서 인식하지 않았던 것이다.

지금 일본은 이 논리의 발톱을 철저히 숨기며 '독도 영유권'만 말하는 척하고 있는 셈이다. 하지만 여기서 우리가 명심해야 할 점이 있다.

그것은, 만약 독도를 일본에 빼앗긴다면 울릉도도 빼앗길 수 있다는 사실이다.

1696년의 도해 금지령 이후, 일본은 19세기 후반까지 200년 가까

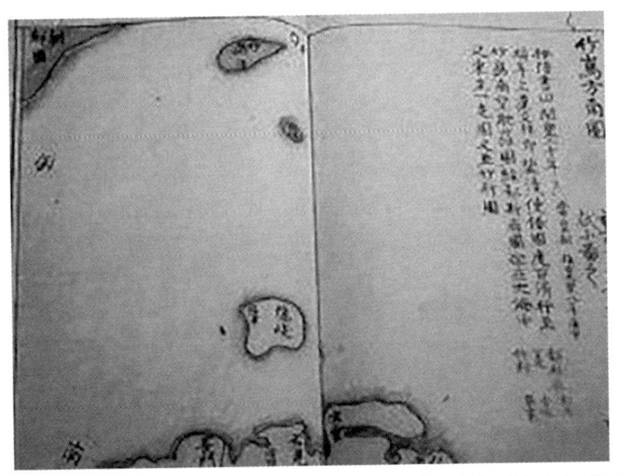

1836년 일본 하마다번의 운송업자 이마즈야 하치에몬이 도해 금지령을 어겨 조사받은 기록인 『다케시마 도해일건기』에 수록된 〈다케시마 방각도〉. 다케시마(울릉도)와 마쓰시마(독도)를 한반도와 같은 붉은색으로 그렸다.

운 기간 동안 적어도 공식적으로는 자국민이 울릉도와 독도에 가는 것을 금지했다. 그러다보니 두 섬을 부르는 이름에도 혼동이 생겼다. 원래는 울릉도를 '다케시마', 독도를 '마쓰시마'라 불렀으나 두 섬의 명칭이 서로 바뀌어 '다케시마'는 독도, '마쓰시마'는 울릉도를 일컫는 지명으로 둔갑했다. 이렇게 해서 대나무가 없는 독도를 '죽도'라 부르는 해괴한 상황이 된 것이다.

정말 자국 영토였다면 일어날 수 없었을 이런 현상은 왜 생긴 것일까? 뜻밖에도 여기에 영향을 준 것은 서양 지도였다. 일본에 체류했던 네덜란드인 필리프 프란츠 폰 지볼트Phillipp Franz von Siebold(1796~1866)는 네덜란드로 돌아간 뒤 1840년 〈일본과 그 주변도〉라는 지도를 그렸다. 그런데 동해상의 두 섬을 잘못 그렸다. 울릉도가 있어야 할 곳에 'Matsushima'라는 섬을 그렸고, 그 북서쪽 섬이 없는 지점에는 'Takashima'라는 섬을 그려 넣었다. 언뜻 믿기 어려운 얘기지만, 이 뒤부터 일본인들은 어처구니없게도 울릉도를 '마쓰시마', 독도를 '다케시마'로 부르게 됐다는 것이 정설이다.

지볼트의 지도가 나오고 9년 뒤인 1849년, 프랑스의 포경선 리앙쿠르Liancourt호가 동해를 항해하던 중 독도를 '발견'하고 자기 배 이름을 따서 섬 이름을 자기들 마음대로 '리앙쿠르'라고 지었다. 하지만 이 '발견'이란 말은 단지 서양인들이 이전까지 섬의 존재를 몰랐기 때문에 나온 표현이었다. 프랑스인들이 『삼국사기』나 『세종실록지리지』나 안용복 사건이나 울릉도 쟁계를 알 리가 없었기 때문이다. '콜럼버스가 아메리카 대륙을 발견했다'는 표현이 수천 년 동안 그 대륙에서 살아온 원주민의 존재를 무시한 것이나 마찬가지다. 하지만 이 명명은 독도가 울릉도와 분리돼 등장하게 된 첫 기록이라 할 만하다. 오늘날 이 명칭은 한국이나 일본이 아닌 제3국에서(대개 미국에서) 독도의 영유권이 어느 나라에 있는지 굳이 드러내지 않으려 할 때 쓰인다. 그런데 일본측에서 이 이름을 받아들여 독도를 '량코도', '량코시마', '란지마卵島'라고 부르는 일이 일어났다. 이는 독도에 대한 정확한 지식이 존재하지 않았음은 물론 해당 섬에 대해 별 관심도 없었다는 방증이다.

제2장

칙령 제41호와 일본의 독도 침략

이걸로 게임 끝, 「태정관 지령」

1868년의 메이지 유신明治維新을 통해 일본은 아시아에서 가장 먼저 근대 국가로 나아가는 문을 열었다. 주변 아시아 국가, 특히 조선을 침략해 서구 제국주의 열강 대열에 끼려는 것이 다음 수순이었다. 이것이 조선을 침략하자는 소위 '정한론征韓論'이었다. '정한론' 앞에 '소위'라는 말을 붙인 것은 앞에서 설명했듯이 '정征'이라는 글자에 군사적 공격의 주체를 정당화하는 의미가 내포돼 있기 때문이다.

메이지 시대 일본의 국가 최고 기관이었던 태정관太政官은 이 분위기 속에서 마치 임진왜란 직전의 상황처럼 조선에 대한 정탐을 시도했다. 1869년 12월과 1870년 2월, 사다 하쿠보佐田白茅 등 일본 외무성 관리 세 명이 조선에 파견됐다. 이들은 부산왜관에서 조선의 사정을 조사한 뒤 모두 13개 항목에 걸쳐 조사한 보고서 「조선국 교제시말내탐서」를 1870년 4월 15일 제출했다. 여기에는 조선과 일본의 외교의 역사, 통신사 파견, 조공 여부, 조선의 자주성, 좋은 항구의 유무, 러시아와의 관계, 군사 수준 등 조선 침략을 위한 사전 정보가 조목조목 담겨 있었다.

여기서 13번째 항목이 '다케시마와 마쓰시마가 조선에 부속하게 된 경위'다. 항목의 제목에서부터 '울릉도와 독도가 조선 땅'이라는 사실을 분명히 전제로 삼고 있다. 그 내용에서 "마쓰시마(독도)는 다케시마(울릉도) 옆에 있는 섬으로 마쓰시마 건에 대해서는 이제까지 남아있는 기록이 없다. 다케시마 건에 관해서는 겐로쿠 연간 이후에는 잠시 조선에서 거류를 위해 사람을 파견한 바 있다"고 했다. 여전히 울릉도를 '다케시마', 독도를 '마쓰시마'라 부르면서 독도가 울릉도 옆에 있는 조선 영토임을 분명히 인식하고 있었다. 17세기 말 도해 금지령을 내린 뒤의 상황이 메이지 유신 이후에도 여전했으며, 1696년의 '두 섬 포기' 결정이 1870년에도 재확인됐음을 보여주는 자료다.

이제 우리는 일본측 자료의 '끝판왕'을 살펴볼 때가 됐다.

1982년 박인호가 작사, 작곡한 노래 〈독도는 우리 땅〉이 나왔을 시점은 일본측에서 틈만 나면 독도가 일본 땅이라는 망언을 해 한국인들을 성가시게 할 때였다. 하지만 아무리 '지증왕 13년 섬나라 우산국', '『세종실록지리지』 50쪽 셋째 줄'을 주장해도 일본측에서 "그건 너희 나라 자료 아니냐"고 억지를 부린다면 더이상 대화가 진전되지 않을 판국이었다. 중학교에 다니던 시절, 친구 한 명이 이런 얘기를 했다.

"아이고, 독도가 자기네 땅 아니라는 '똘똘한' 일본 쪽 자료가 제대로 하나 나왔으면 좋겠다. 더이상 찍소리 못하게, 응? 누가 그런 거 하나 안 찾아내나?"

그런데 그런 일이 실제로 일어났다.

100년 넘게 일본 정부의 문서 창고에 '은밀히' 보관돼온 문서 한 건이 1987년 일본인에 의해 발견됐던 것이다. 호리 가즈오堀和生 교토대 교수가 찾아내 『조선사 연구회 논문집』의 논문 「일본의 다케시마 편입」에 실어 그 존재를 세상에 알렸다. 이 문서의 이름은 무엇인가?

바로 「태정관 지령」이다.

이 자료의 가치를 어떻게 평가해야 할까. 끝장 자료? 결정적 증거? 게임 오버? 황금 열쇠? 한마디로, 1905년의 시마네현 불법 편입 이전까지 일본은 독도(는 물론 울릉도)의 영유권과 전혀 관계가 없었다는 명백한 증거이자, 독도가 한국의 고유 영토라는 사실을 추적하던 학자들에게는 눈물 나도록 고마운 자료라고 할 수 있다.

상식을 가진 일본인이라면 「태정관 지령」의 존재 앞에서 '고유 영토론' 같은 말이 되지 않는 주장을 더는 할 수 없는 상황이다. 하지만 일본측의 태도는 「태정관 지령」에 대해 입을 꼭 다물거나 슬쩍 언급을 회피하는 것이 돼버렸다. 이 문서를 전혀 언급하지 않는 사람 중에 일본인만 있는 것은 아니다. 이영훈 교수도 자신의 책 『반일 종족주의』의 독도 관련 글에서 「태정관 지령」을 전혀 언급하지 않는다.

「태정관 지령」은 도대체 누가, 언제, 어떻게, 왜 만든 문서인지 하나씩 알아보자.

앞서 메이지 유신 직후 외무성 관리 세 명을 한국에 파견해 정탐시켰던 메이지 정부의 국가 최고 기관이 바로 태정관, 일본 발음으로는 '다조칸'이다. 일본 내각의 전신인 이 기관은 1868년부터 1885년까지 존속했다. 내각의 전신이라는 뜻은, 똑같이 근대법 체제인 지금의 일본 정부와도 곧바로 연결된다는 얘기다. 이 태정관이 시마네현과 내무성으로부터 올라온 질의서에 대해 공식 답변한 문건이 바로 이 「태정관 지령」이다.

일본은 1876년부터 내무성 주관으로 지적地籍 편찬 사업을 진행했다. '다케시마(울릉도)'라는 낯선 섬의 지명이 시마네현을 조사하던 내무성 관리의 눈에 띄었다. '이건 혹시 시마네현 관할인 오키 섬의 부속도서가 아닌가?' 하는 의문이 들었지만 좀처럼 판단이 서지 않은 이 공무원은 시마네현에 '다케시마'에 대한 조회를 요청했고, 지적에 어떻게 실어야 할지, 기록과 지도를 첨부해 어떻게 할지 내무성에 문의해 달라고 했다. 사실 1696년 조선과 일본 사이에 무슨 일이 있었는지에 대한 정보가 없었던 일본인이 메이지 유신 무렵 '울릉도를 개척해야 한다'는 청원을 정부에 넣는 일이 종종 있었다. '그런 섬이 있었나? 빈 땅이라고? 우리 일본 땅 맞나?' 하는 의문이 일어나는 상황이었다.

이때 시마네현측이 보인 반응은 이런 것이었다. "사실은…… 다케시마 말고 거기에 딸린 섬이 하나 더 있어요!" 결국 다케시마 외에 '섬 하나'를 더 얹어서 문의서를 작성했나. 이것이 1876년 10월 16일의 「일본해(동해)에 있는 다케시마 외外 일도一島를 지적에 편찬하는 방법에 대한 문의」다. 첨부된 문서는 '문제의 그해'인 1696년 도해 금지령이 나오게 된 경위에 관한 문서와 이후 조선과 주고받은 외교 문서였다. 5개월 동안 조사한 결과 이 문제는 국제적인 영토 문제이며 두 섬은 일본과 관계가 없다는 사실을 깨달은 내무성은, 그러나 '판도(국경)의 취사取捨(취하고 버림)는 중대한 사건'이라는 이유로 국정 총괄 최고 기관인 태정관에 이 문제의 결론을 내려달라고 요청했다.

이 과정에서 시마네현 측은 내무성에 '사실 두 섬이 우리 땅인지는 확실하지 않다'는 사실을 실토하는데, 주목해볼 만한 부분이다. "이번에 섬을 실제로 조사한 후에 보고해야 하지만 원래 본현本縣의 관할로 확정된 것도 아니고 북해로 100여 리 떨어져 있어 보통의 범선으로는 왕복할 수 없다." 자, 이것이 과연 '일본 고유 영토'에 대한 정황인가?

여기서 내무성이 태정관에 올린 문서에 첨부된 방대한 참고 자료는 1693년에서 1696년에 이르는 기간 동안 조선 정부와 일본 막부 사이에 벌어진 '울릉도 쟁계'와 관련된 것이었다.

1877년 3월 29일, 태정관에서 최종 승인해 우대신右大臣 이와쿠라 도모미巖倉具視 등의 명의로 내무성에 하달된 지령의 내용은 이러했다. 싱거울 만큼 짧은 문장이었으나 그 의미가 무척 중대하다는 것은 말

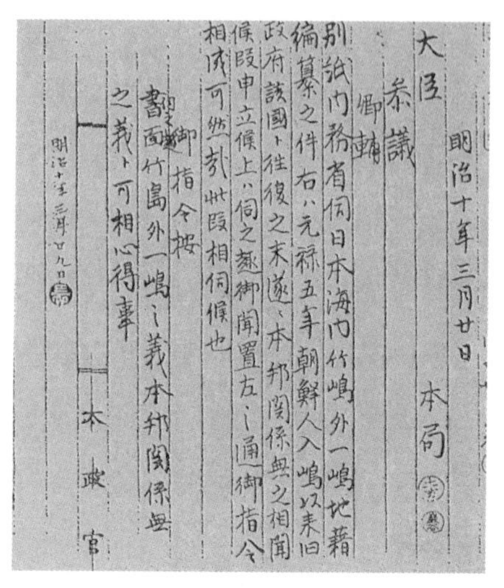
明治十年三月廿日
大臣
参議
卿輔
本局
別紙内務省伺日本海内竹嶋外一嶋地籍
編纂之件右ハ元禄五年朝鮮人入嶋以来旧
政府該國ト往復之末遂ニ本邦関係無之相聞
候段申立候上ハ伺之趣御聞置左之通御指令
相成可然哉此段相伺候也
御指令按
伺之趣竹島外一嶋之義本邦関係無
之義ト可相心得事
太政官
明治十年三月廿九日

1877년 3월 29일, 일본 국가 최고 기관인 태정관에서 최종 승인해 우대신 이와쿠라 도모미 등의 명의로 내무성에 하달된 「태정관 지령」. "문의한, 다케시마 외 일도一島 건은 본방(일본)과 관계없음을 명심할 것"이라고 적었다. 일본의 '독도 고유 영토론'이 설자리를 잃게 한 결정적인 문서다. (일본 국립공문서관 소장)

할 필요도 없다.

伺之趣竹島外一島之義本邦關係無之義ト可相心得事

문의한, 다케시마 외 일도(한 섬) 건은 본방(우리 나라=일본)과 관계없음을 심득(명심)할 것.

아! 두 섬이 일본과 관계가 없다는 것을 일본 최고 기관이 공식 승인한 것이다. '명심할 것'이란 표현에서는 '앞으로도 이 문제에 대해선 다른 엉뚱한 생각을 갖지 말라'는 훈계의 어조가 읽힌다.

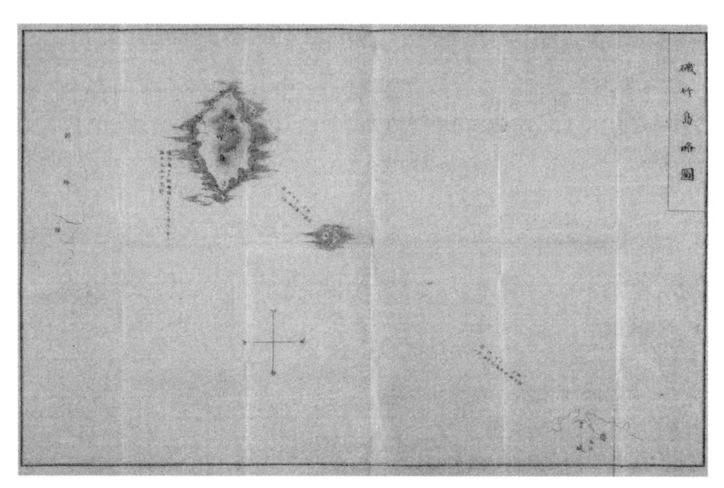

1877년 일본의 「태정관 지령」에 첨부된 〈이소다케시마 약도〉. 「태정관 지령」에서 일본 땅이 아니라고 했던 '다케시마 외 일도'의 '일도'가 독도라는 것을 명확히 설명하고 있다. (일본 국립공문서관 소장)

아주 가끔 「태정관 지령」에 대해 언급하는 일본인이 최후의 항변처럼 이렇게 반박하는 경우가 있다. "그 '일도'가 어딘지 나와 있지는 않잖아? 그게 독도라는 증거 있어? 다른 섬일 수도 있잖아. 죽도(죽서)라든가 관음도라든가."

이 일본인에게는 대단히 미안한 일이지만, 이 지령에는 〈이소다케시마 약도〉라는 지도가 하나 첨부돼 있다. 큰 섬 하나와 그 동남쪽의 작은 섬이 그려져 있다. 큰 섬에는 '이소다케시마'라는 울릉도의 옛 일본식 이름이 적혀 있다. 그리고 작은 섬에 쓰인 이름은 '松島(마쓰시마)'.

독도의 옛 일본식 이름이다.

이것은 무엇을 의미하는가. 메이지 시대 일본 정부의 최고 기관 당국자가 "독도는 일본 땅이 아니다"라고 최종적으로 확언한 것이다.

이 명백한 증거 앞에서 이렇게 항변하는 경우도 있다. 이쯤 되면 스스로도 자신의 말이 '아무 말 대잔치'라는 걸 알 것이다.

"일본 땅이 아니라고 했을 뿐, 그렇다고 조선 땅이라는 말도 아니잖아?"

그렇다면 「태정관 지령」의 전문前文을 보여줘야 한다. "일본해 내 다케시마와 그 외 일도는 (…) 겐로쿠 5년(1692) 조선인이 섬으로 들어간 이래 드디어 본방과 관계가 없어졌다." 여기서 '조선인'이란 당연히 안용복을 말하는 것으로 봐야 하지만 약간 의문이 든다. 안용복의 1차 도일은 1693년의 일이었는데 한 해 잘못 기록한 것인지, 그보다 한 해 전에 혹시 다른 사건이 또 있었는지는 분명치 않다. 그러나 당시 일본과 울릉도·독도를 놓고 영유권 분쟁을 벌였던 나라가 조선 말고 또 있었던가? '일본 땅이 아니라고 했지, 조선 땅이라고 한 건 아니잖으냐'는 논리는 손바닥으로 하늘을 가리는 격이다. 「태정관 지령」은 울릉도와 독도 문제에서 그야말로 모든 것을 반박의 여지 없이 명백하게 정리해 주는 문서다. 이 지령은 1877년 4월 9일 자로 시마네현에도 하달됐다. 현지에서도 이 문제는 의문의 여지 없이 종결된 것이었다.

이성환 계명대 교수는 2017년 『국제법학회논총』 제62권에 발표한 논문 「일본의 태정관 지령과 독도 편입에 대한 법제사적 검토」에서 "태정관 지령은 울릉도 쟁계의 결과로 확정된 한일 간의 국경 조약을 메이지 정부가 보다 명확히 국내적으로 수용한 것"이라고 해석했다. 그는 "17세기 이후 조선과 일본 사이에 전개된 울릉도와 독도를 둘러싼 영유권 문제는 메이지 정부에서 완전히 해결, 확정됐다"고도 했다. 그러니까 1696년 일본의 '다케시마 도해 금지령'에 독도도 포함되느냐 마느냐 하는 의문점이 남는다면 「태정관 지령」이 말끔하게 결론을 내주는 것이 된다. "그렇다, 독도도 포함된다"고.

이성환 교수는 "태정관이 입법·사법·행정을 통할하는 국가 최고 통치기구인 이상 이 지령은 법률 이상의 의미를 지니며, 특히 영토에 관한 결정은 헌법의 영토 조항에 해당된다"고 분석했다. 「태정관 지령」이 그 이후에 개정되거나 폐기된 적이 있는가? 없다. 이것을 뒤집고 법률보다 하위인 '내각 결의'에 의해 자국 영토로 편입한 1905년의 결정은 일본 국내법 체계상으로도 합법적이지 않다는 것이 된다.

「태정관 지령」이 최종 승인된 1877년 3월 29일에 대해 이렇게 말하는 사람도 있다. "그것은 국제법에서 말하는 '결정적 기일critical date' 이었다."(이선민 조선일보 선임기자) 이것은 국가 간의 영토 분쟁에서 판정 기준이 되는 날로, 그 이후에 발생한 사실은 증거로 채택되지 않는다. 「태정관 지령」은 울릉도와 독도가 조선 땅임을 승인하는 결정적 문서였고, 만약 이 지령을 인정하지 않고 뒤집는다면 독도뿐 아니라 울릉도 역시 일본 땅이라는 논리가 된다.

호사카 유지 교수는 도쿄 국립공문서관이 소장하고 있는 「태정관 지령」의 원본을 일본 정부에서 열람 금지하고 있는 상태라고 전했다. 필사본만 열람할 수 있는데, 필사본은 초서체로 베껴 쓴 것이기 때문에 일반인은 거의 읽을 수 없다고 한다. 일본 국회에서도 2006년과 2009년 이 문서에 대한 질문이 있었으나 일본 정부는 "오래된 문서이므로 조사해야 한다", "계속 조사중"이란 답변만 되풀이하고 있다는 것이다. 호사카 교수는 이렇게 말한다. "아마도 일본 정부는 「태정관 지령」을 영원히 조사만 할 것이다."

최소한 1696년이나 1877년의 일본 정부 수뇌부만큼만 합리적으로 판단했어도 일본 정부는 「태정관 지령」의 존재만으로도 이미 독도 문제에 대해 두 손을 들었어야 했다.

혹시 이것이 관공서 높은 곳에 앉아 있는 책상물림 문관들의 의견일 뿐이라고 폄훼한다면, 같은 시기 일본 군부軍部가 울릉도·독도를 어느 나라 땅이라고 판단했는지도 들여다보자. 1876년 일본 육군성 참모국이 편찬한 지도 〈조선전도〉는 다케시마(울릉도)와 마쓰시마(독도)를 모두 조선 영토로 표시했다. 해군도 마찬가지였다.

일본 해군성 수로국은 1857년 러시아 해군이 발행한 지도를 1876년 번안해 〈조선동해안도〉를 편찬했는데, 독도를 두 방향에서 그린 그림까지 넣어가며 조선 영토로 '친절하게' 표시했다. 1886년에 편찬된 일본 해군성의 〈환영수로지寰瀛水路誌〉는 독도를 '리앙코르드암'이란 이름으로 '조선동안朝鮮東岸'에 수록했다. 1889년 이 지도를 국가별로 나눠 〈일본수로지〉, 〈조선수로지〉 등으로 발행했을 때, 독도는 〈일본

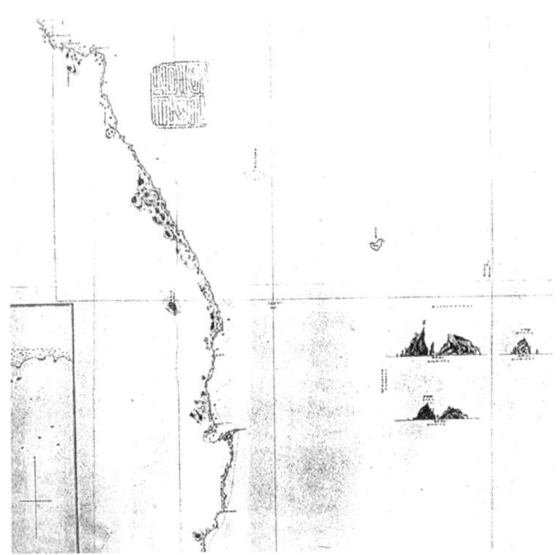

일본 해군 수로국이 러시아의 〈한국동해안도〉를 바탕으로 1876년 발행한 〈조선동해안도〉. 울릉도와 독도를 한국 영해에 표시했고, 러시아 팔라다함이 실측해 작성한 독도 그림을 바다 위에 그렸다. (한국 국회도서관 소장)

수로지〉가 아닌 〈조선수로지〉에만 수록됐다. 일본 육군과 해군조차도 독도가 조선 땅이라는 사실을 명백히 인식하고 있었다. 이것은 모두 1905년 이전의 상황이었다.

중국은 어땠나? 2013년 9월 6일 영남대 독도연구소 학술대회에서 경희대 이명희 박사가 공개한 1845년 〈만국대지전도萬國大地全圖〉와 1851년 〈대지전구일람지도大地全球一覽地圖〉는 한반도 오른쪽에 완릉도莞陵島(=鬱陵島·울릉도)와 천산도千山島(=于山島·독도) 두 섬을 바싹 붙여 표시함으로써 두 섬이 조선 땅임을 밝혔다. 중국이 자랑스러워하는 청나라의 19세기 세계지도에 울릉도와 독도가 조선에 속한다는 사실이 분

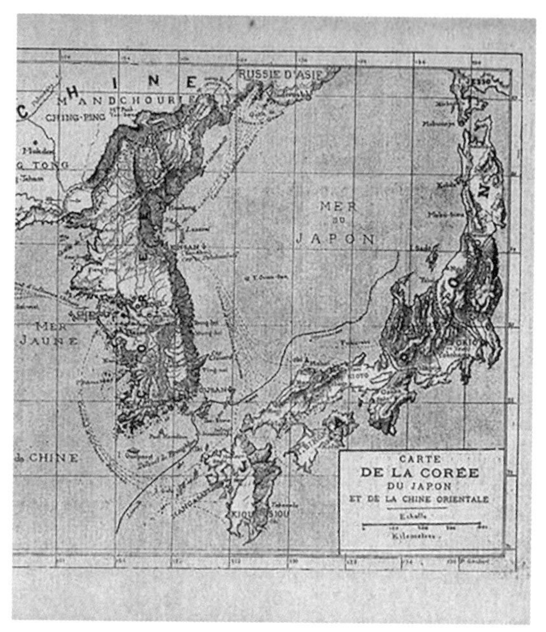

1894년 9월 3일 자 프랑스 신문 〈르 프티 주르날〉에 실린 지도. '일본의 해상 경계'라는 설명이 붙은 점선이 독도 동쪽을 지나고 있다. (오수열 소장)

명히 드러난 것이다.

서양측 지도도 마찬가지다. 1894년 9월 3일 자 프랑스 신문 〈르 프티 주르날Le petit journal〉은 조선과 일본의 바다 위 국경선을 점선으로 그린 지도를 실었는데, '일본의 해상 경계Limite des eaux japonaises'라는 설명이 붙은 이 점선은 독도 동쪽으로 한참 먼 곳을 지나고 있다. 이 지도의 존재가 처음 알려진 2004년 신용하 교수는 "독도의 영토 소유권을 이렇게 확실하게 보여주는 해상 경계선을 그린 지도는 처음 본다"

며 "국제사회에서도 일본 침략 이전에는 독도가 한국 영토임을 인식하고 있었던 것"이라고 했다.

480년 만의 개척령과 '독섬'의 유래

19세기 들어 울릉도의 상황에는 다시 변화가 있었다. 순조, 헌종, 철종으로 이어지는 세도정치의 시대에 조선은 울릉도의 수토에 큰 관심을 기울이지 않았다. 그 결과 많은 조선인과 일본인이 울릉도에 들어가 살게 됐다. 이 사실이 조선 조정에 알려진 것은 1881년(고종 18년)의 일이었다. 일본인이 울릉도에서 벌목하는 것을 본 수토관이 강원도관찰사에게 보고했고, 조정은 일본 외무성에 항의해 철수시키겠다는 약속을 받아냈지만 지켜지지 않았다.

고종은 무관 이규원李奎遠(1833~1901)을 울릉도검찰사로 임명해 울릉도를 조사하라는 명령을 내렸다. 1882년 이규원이 울릉도에 도착해 보니 조선인이 140명 있었고 그중 115명이 전라도 출신이었다. 일본인 거주자는 70여 명이었다. 양국의 법을 어긴 조선인과 일본인이 함께 거주하는 묘한 상황이었다. 돌아온 이규원은 고종에게 울릉도의 개척 가능성을 긍정적으로 보고했다.

1883년(고종 20년)은 울릉도와 독도의 역사에서 또하나의 획을 긋는 해였다. 1403년(태종 3년)의 '쇄환 정책'으로 울릉도를 무인도화한 지 480년 만에 고종의 '개척령'으로 울릉도에 다시 정식으로 주민이 살게 됐던 것이다. 두 차례 모집을 통해 울릉도에 들어간 주민은 16가구 54명이었으며, 1900년에 이르면 400호 1700명으로 늘어난다. 180도 방향을 바꾼 조선 정부가 개척민에게 필요한 물자를 조달하고 세금을 면제하는 우대 정책을 폈기 때문이었다.

이미 울릉도에 거주하고 있던 조선인은 그대로 눌러앉아 살게 했다. 여기서 거주민 대부분이 전라도 사람들이었다는 사실에 주목할 필요가 있다. 가까운 강원도와 경상도 주민들이 단속이 심해 오히려 울릉도로 가기가 어려웠던 반면, 전라도에선 해류를 타고 비교적 쉽게 울릉도까지 갈 수 있었다는 것이다. 마치 옆 동네 섬처럼 수시로 왕래했다는 증언도 있는데, 나무를 베어 배를 만들기 위해 울릉도를 왕래했고, 보재기(잠수부)들과 잠녀(해녀)들도 이 항로를 따라 독도까지 가서 해조류를 채취했다는 것이다. 1787년 프랑스 해군 제독 라페루즈가 울릉도를 탐험하고 남긴 '조선인이 배를 만들고 있었다'는 기록에 나오는 조선인 역시 전라도 사람들이었을 것이라고 보기도 한다.

이 상황을 좀더 주목해야 하는 것은 '독도'라는 섬 이름이 이들에게서 유래됐을 가능성이 크기 때문이다. 호남 지방 남해안 어민들의 사투리로는 '돌'을 '독'이라고 했다. 이들은 독도 근처에서 어업 활동을 했고, '우산도'나 '자산도'라는 섬의 옛 이름을 모르는 상태에서 독도에 '독섬', 즉 '돌섬'이란 이름을 붙였다. '돌섬'은 한자로 훈차訓借(한자의 뜻을 빌려 우리말을 표기하는 것)하는 과정을 거쳐 '석도石島'라는 이름이

됐고, '독섬'은 '독'을 한자로 음차音借(한자의 음을 빌려 우리말을 표기하는 것)해서 '독도'가 됐다. 하지만 전라도 방언을 알 턱이 없는 일본인은 '석도'라는 이름을 보고 "석도가 왜 독도인지 도저히 이해할 수 없다"는 반응을 보이며 동의하지 않는 것이다.

이것은 그저 추측이 아니라 선학의 치밀한 연구와 고증을 거친 사안이다. 국어학자 방종현方鍾鉉(1905~1952)은 서울대 국문과 교수로 재직하던 1947년 8월 독도를 조사하고 돌아와 경성대 예과 신문에 게재한 기행문 「독도의 하루」에서 독도가 돌섬으로 이뤄져 '돌섬'이나 '독섬'으로 부를 수 있다는 것, '독'이 '돌'의 방언이며 전남 해안에서는 '다듬잇돌'을 '다드미독'으로, '절구'를 '도구통'으로 쓰는 예로 보아 '독섬'과 '석도'와 '독도'가 같은 지명이라고 봤다.

여기서 영감을 얻은 송병기 단국대 명예교수는 연구서 『울릉도와 독도』를 통해 '돌섬' 또는 '석도'가 '독도'가 됐다는 사실을 주민 출신 성분과 오구라 신페이小倉進平의 『조선어방언 연구』의 사례까지 연구해 밝혔다. 전남뿐 아니라 경남과 경북 일부 지역에서도 '돌'과 '독'을 혼용했다는 것이다. 결국 19세기 독도의 명칭은 두 가지 갈래로 분석할 수 있는데, 이를 도식화하면 ①돌 → (한자화 과정) → 석石 → 석도石島 ②돌 → (방언화 과정) → 독 → 독도獨島라는 것이다. '독섬'이란 말을 들은 사람이 기록하는 과정에서 '석도石島'와 '독도獨島'라는 두 갈래의 표기가 이뤄졌던 셈이다.

필자는 2004년 서울 사당동의 송 교수 자택을 방문해 오랜 시간

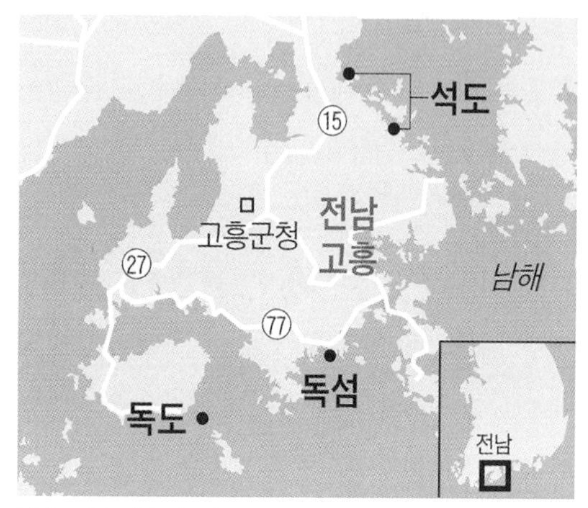

전남 고흥군의 독섬 · 석도 · 독도

가르침을 받은 적이 있는데, 안타깝게도 그는 2018년 별세했다. 그다음 해 일본인도 아닌 한국의 유명 학자가 '굳이 확실치도 않은 방언을 빙자한 자가당착'이라며 선학의 연구를 일거에 폄훼해버린 것을 보지 못한 것은 그나마 불행 중 다행이라 해야 할까. 사당동을 지날 때마다 수전증으로 떨리는 손을 들며 "우리나라 사람들이 독도를 너무 모르고 있다"고 탄식하던 송 교수가 떠올라 가슴이 아프다.

이 대목을 좀더 구체적으로 현실 지명 위에서 실증한 일이 있었다. 이훈석 우리문화가꾸기회 대표는 2017년 학술심포지엄 발표문 「고흥의 증언」에서 "'석도'와 '독도'가 같은 지명인 것은 그 이름을 붙인 사람들이 전남 고흥 출신이었기 때문"이라고 했다. 조사를 해보니 실제로 고흥에는 '독섬'(도화면 덕중리 산322)과 '석도'(과역면 연등리 산264, 신곡리 산68), '독도'(금산면 오천리 산28)라는 세 가지 지명이 모두 남아 있었다. 원래는 모두 '독섬'이라는 이름이었지만 '석도'와 '독도'는 지적도에 등재되는 과정에서 각각 다르게 기록됐고, 아주 작은 섬이어서 등재되지 않았던 '독섬'만 옛 지명 그대로 남게 됐던 것이다.

이영훈 교수는 이렇게 말한다. "돌섬이란 뜻을 한자로 표현할 때 '石島'라고 표현하기는 조금도 어렵지 않다. 돌섬은 경상도와 전라도에서 한자로 표기될 때 어김없이 '石島'였다. 그 정도야 한자를 얼마라도 아는 유식자라면 조금도 어렵지 않은 문자 생활이었다." 정말 그런가? 사실 돌섬은 경상도와 전라도에서 한자로 표기될 때 어김없이 '석도'였던 것도 아니었고, '독섬'이라는 이름을 붙인 사람들은 '한자를 얼마라도 아는 유식자'가 아니라 19세기에 독도 주변에서 어업에 종사하던 울릉도 민초들이었다.

1883년 울릉도 개척령 공포 시기에 울릉도에 입도했던 울릉도 주민 홍재현이 1947년 증언한 내용이 있다. "독도가 울릉도의 속도라는 것은 본도(울릉도) 개척 당시부터 도민이 주지하는 사실입니다. (…) 독도는 날씨가 청명한 날이면 본도에서 분명하게 조망할 수 있고, 또 본도 동해에서 표류하는 어선은 예로부터 독도에 표착하는 일이 종종 있었던 관계로 독도에 대한 도민의 관심은 심절深切(깊고 절실함)한 것입니다."

개척령으로 많은 조선 주민들이 합법적으로 울릉도에 들어가 살게 됐지만, 일본인이 울릉도에서 자취를 감춘 것은 아니었다. 특히 울릉도의 우수한 목재를 탐내고 섬에 들어온 일본인이 불법 벌목을 저지르는 일이 빈번했다. 1895년 울릉도 도감島監에 임명된 배계주裵季周는 이 같은 불법 벌목을 조정에 보고했지만 한계가 있었다. 당시 도감은 정부로부터 지원을 받지 못하는 대신 도민으로부터 세금을 걷어 경비를 충당해야 했지만, 개척령 초기의 울릉도민은 면세를 조건으로 왔으니 이들에게서 세금을 걷을 수도 없었다. 타협점은 목재와 곡물을 반출하는 일본인으로부터 세금을 걷은 것이었다. 울릉도에선 이런 방식의 수세收稅가 관행적으로 이뤄졌다고도 한다. 1896년에는 러시아에서도 울릉도의 목재에 눈독을 들이게 되고, 이를 둘러싼 러시아와 일본의 충돌이 러일전쟁의 전운戰雲으로 이어진다.

1900년 10월 25일, 칙령 제41호

학생들을 상대로 독도 강의를 하면서 종종 하는 질문이 있다.

"독도의 날이 언제인지 압니까?"

그럼 3분의 1 정도가 자신 있게 대답한다.

"10월 25일요!"

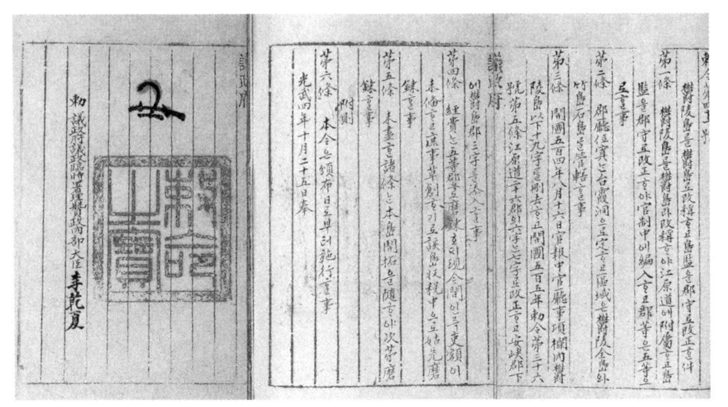

勅令第四十一號

第一條 鬱陵島를鬱島라改稱하야江原道에附屬하고島監을郡守로改正하야官制中에編入하고郡等은五等으로할事

第二條 郡廳位寘는台霞洞으로定하고區域은鬱陵全島와竹島石島를管轄할事

第三條 開國五百四年八月十六日官報中官廳事項欄內鬱陵島以下十九字를删去하고開國五百五年勅令第三十六號第五條江原道二十六郡의六字는七字로改正하고安峽郡下에鬱島郡三字를添入할事

第四條 經費는五等郡으로磨鍊호디現今間인즉吏額이未備하고庶事草創하기로該島收稅中으로姑先磨鍊할事

第五條 未盡한諸條는本島開拓을隨하야次第磨鍊할事

附則

第六條 本令은頒布日로부터施行할事

光武四年十月二十五日奉

勅 議政府議政臨時署理贊政內部大臣 李乾夏

1900년 10월 25일 승인된 '칙령 제41호', 제2조에서 울도군수의 관할 구역을 '울릉 전도', '죽도', '석도'라고 했다. 석도는 독도의 다른 이름이다. (서울대학교 규장각 한국학연구원 소장)

그러면 다음 질문을 한다. "왜 10월 25일이 독도의 날인지 아는 사람 있나요?"

반응은 강의마다 조금씩 다른데, 한두 명이 "칙령勅令 제41호"라고 맞게 대답하는 경우도 있고, 아무도 대답하는 사람 없이 조용해질 때도 있다.

1900년 10월의 '칙령 제41호'가 중요한 것은, 이것이 우리나라가 근대 국제 공법 체계 안에서 독도라는 특정 섬을 우리 영토로 명백히 천명한 최초의 공문서이기 때문이다. 그렇다고 그전까지는 한국 영토가 아니었다고 여기는 것은 잘못된 일이다. 어디까지나 독도가 한국 영토라는 사실에 대한 '재확인'이었기 때문이다.

국명은 '조선'에서 '대한제국'으로 바뀌었지만, 나라는 풍전등화의 상황에 처해 있었다. 1894년(고종 31년) 청일전쟁이 일어나 일본군이 서울의 요지를 점령했는데, 이들은 1945년 일본이 제2차세계대전에서 패망하고 나서야 철군한다. 이듬해인 1895년엔 일본인이 경복궁에 침입해 왕비를 시해한 을미사변이 발생했고, 1896년에는 임금이 러시아 대사관으로 일시 망명하는 아관파천이 일어났다. 1897년, 고종은 황제에 즉위하며 대한제국을 선포했다. 형식상 왕국에서 제국으로 격상된 새로운 국가의 체제에 맞춰, 여전히 일본인의 침입이 빈번하던 울릉도와 독도에 대한 행정 관리를 강화할 필요성에 맞춰 나온 것이 1900년(광무 4년)의 '칙령 제41호'였다. 이 지역에 대한 관제官制의 개정과 격상이 이뤄졌는데, 기존의 울릉도를 '울도군鬱島郡'으로, 울릉도 도감을 '울도군수'로 높이는 내용이었다. 칙령의 제2조에서는 울도군수가 관할하는 지역이 어디인지를 명시했다.

> 구역은 울릉 전도全島와 죽도竹島, 석도石島를 관할홀 사事.

'울릉 전도'란 글자 그대로 울릉도 전체와 울릉도 주변에 부속하는 크고 작은 섬들을 의미한다. 관음도처럼 울릉도 해안에 인접한 작은 섬은 당연히 여기에 포함된다. 그게 아니라 울릉도라는 한 섬만 말하는 것이라면 굳이 '전도全島'라고 표현했을 까닭이 없다.

죽도는 지금 울릉도 동쪽 2킬로미터 해상에 있는 죽도(죽서)로 보는데 무리가 없다. 그런데 '석도'는 어디인가? 이 지명이 '돌섬', '독섬', '독도'와 같은 이름이라는 것은 이미 앞에서 밝혔다. 그렇다면 이 칙령은 울도군수의 관할 지역을 크게 세 지역, '울릉도', '죽도', '독도'로 설정한 것이 된다. 이것은 앞서 개척령을 시행할 당시 고종이 지니고 있던 '동해상 세 개 섬'의 개념과 일치한다는 흥미로운 지적이 있다. 고종은 이규원을 울릉도에 보내면서 "송죽도(죽도)와 우산도(독도)가 울릉도 옆에 있는데 조사해 오라"고 했던 것이다. 이규원은 당시 제대로 보고하지 못했지만, 이 같은 '세 개 섬' 개념에 맞춰보더라도 석도는 독도가 맞는다.

여기에도 '석도'가 왜 '독도'인지 이해하기 어려운 일본측의 반박이 존재한다. 그런데 이번에는 그들 입장에선 무척 안타깝게도 '죽도'가 따로 명기돼 있기 때문에 '석도'를 울릉도 동쪽 죽도(죽서)의 다른 이름이라고 우길 수가 없는 상황이다. 그래도 이들은 어떻게든 다른 섬이라고 돌려 말한다. "울릉도 해안 가까이에 있는 관음도나 혹은 그것을 포함한 여러 돌섬에 대한 총칭일 것이다." 참 궁색하기 짝이 없다.

이런 억지일수록 점잖게 반박해야 한다. 한국측의 논리는 이렇다. "대한제국 정부가 칙령을 통해 행정 관할을 공포할 때는, 일반적으로 관할 지역에서 전개되는 현지 주민의 경제적·사회적 활동을 관할 대상으로 삼고자 한다. 그런데 '칙령 제41호'에서 죽도 외에 울릉도에 근접해 있는 작은 바위들을 굳이 관할 대상으로 거명했다고 보는 것은 자연스럽지 않다." 어쩐지 '개그를 다큐로 받는' 게 아닌지 의심스러울 정도지만, 구구절절 합리적인 반박이다.

그렇다면 울릉도 동쪽에 인접한 죽도는 '관할 대상으로 거명'할 수 있는 섬일까? 그렇다. 사람이 거주할 수 있고 대나무가 울창해 밭을 개간할 수도 있는 지역이다. 지금도 실제로 주민이 거주하고 있다. 2013년 피아니스트 백건우가 이곳을 방문해 주민을 위한 연주회를 펼친 적도 있었다.

하지만 관음도나 다른 바위섬들은 그런 섬이 아니다. 면적이 고작 7만 제곱미터로서 독도의 절반도 되지 않는 관음도는 사람이 살지 않고 나무만 빽빽한 가파른 절벽의 무인도다. 이영훈 교수는 '죽도와 관음도 이외에는 울릉도 부속 섬 중에 사람이 사는 섬이 없다'고 하며 마치 관음도가 유인도인 것처럼 썼지만 사실과는 큰 차이가 있다.

그런데도 이영훈 교수는 '독도는 바위인데 돌과 바위는 다르기 때문에 석도라고 했을 리가 없다'(전남 고흥에 있는 독도·석도·돌섬은 정말 '바위'가 아니라 작은 '돌'로 이뤄진 섬일까?), '확실치도 않은 방언을 가져온 궁색한 논리의 중첩'(국어학과 역사학의 방언 연구 같은 것은 확실치 않다는 주장은 무엇에 근거한 것일까?)이라며 "석도는 관음도"라고 주장한다. 이 말이 마음에 걸린다면 울릉도 여행을 할 때 관음도에 한번 가서 볼 필요가 있다. 울릉도와 거의 꼭 붙어 있어 지금은 다리로 이어진 이 작은 무인도를 과연 1900년 당시 관할 구역으로 설정할 수 있었겠는지 말이다.

결정적인 증거는 1906년(광무 10년) 3월 울도군수 심흥택沈興澤(1855~?)의 보고서에서 '본군 소속 독도本郡所屬獨島'라고 밝힌 부분이다.

독도가 울도군의 공식 관할 구역이라는 사실을 울도군수가 말한 것인데, 그 근거는 당연히 1900년의 '칙령 제41호'라고 볼 수밖에 없다.

그런데 10월 25일은 '칙령 제41호'와 무슨 관계가 있는가?

대한제국의 내무행정을 맡아보던 내부內部가 「울릉도를 울도로 개칭하고 도감을 군수로 개정하는 건에 관한 청의서」를 의정부에 제출한 것은 1900년 10월 22일의 일이었다. 이 청의서가 재가를 받아 승인된 날이 10월 25일이었고, 관보에 게재된 날짜는 10월 27일이었다. 엄밀히 말하자면 세상에 알려진 날짜는 10월 27일이지만, 칙령으로서 확정된 날짜인 10월 25일을 훗날 '독도의 날'로 삼게 된 것이다.

그러나 '독도의 날'은 현재 대한민국에서 국가가 정한 기념일이 아니다. 이것이 과연 올바른 일인지, 이 문제에 대해서 조금 숨을 돌리고 한번 곰곰이 생각해볼 필요가 있다.

기자 생활을 오래 하다보면, 해마다 전국 곳곳에 숨겨져 있던 역사 자료들이 일제히 쏟아져나와 신문, 방송을 비롯한 매체들을 장식하는 날이 대체로 1년에 세 번 있다는 사실을 알게 된다. 바로 3월 1일 삼일절, 8월 15일 광복절, 10월 25일 독도의 날이다. 특정 기념일에 가까워질수록 관련 기사가 더 대접을 받는 언론의 속성을 간파한 취재원들이 해당 기념일 직전까지 기다렸다가 자료를 공개하려 하기 때문이다.

사실 좀 호들갑스러운 부분도 있지만 그건 언론이나 취재원이나 마찬가지다. 그런 현상을 꼭 부정적으로 볼 필요는 없는 것이다. 삼일 운동과 광복과 독도에 대해 평소에 관심이 없던 사람들도 '그날'을 맞아 한번쯤 다시 그 의미를 생각해보도록 하는 것이 기념일 본연의 역할이기 때문이다.

그런데 '독도의 날'만큼은, 과연 기념일로 삼아야 하느냐는 문제를 둘러싸고 이견異見이 분명히 존재한다. 2000년 민간단체인 독도수호대가 10월 25일을 '독도의 날'이라고 한 뒤 2008년 경북 울릉군이 조례를 통해 같은 날을 독도의 날로 지정했고, 2010년 한국교총 등이 경술국치 100주년을 맞아 전국적으로 독도의 날을 선포했다. 그러나 중앙정부 차원의 기념일로 격상되지는 않았다. 일부 시민단체에서 '국가기념일로 제정해야 한다'는 청원을 국회에 넣었으나 실현되지 않고 있는 상황이다.

왜 독도의 날을 기념하지 않으려 하느냐는 목소리가 한쪽에서 일어난다. "갈수록 노골화하는 일본의 독도 침탈 야욕을 막기 위해서는 국가 차원의 기념일이 필요하다"는 주장이다. 그러나 반대 의견도 분명히 존재한다. "굳이 그런 것까지 일본을 따라 해야 하느냐"는 것이다. 2005년 일본 시마네현이 독도를 자국 땅으로 '편입'한다고 고시한 2월 22일을 '다케시마의 날'로 정해 기념행사를 하는 것에 대응하는 모양새라는 것이다.

앞서 살펴봤듯이 10월 25일이 독도의 역사에서 무척 중요한 날이라는 사실은 분명하다. 1900년 이날 승인된 '칙령 제41호'가 일본의 '불법 편입'보다 5년 앞섰다는 것 역시 기억할 필요가 있다. 이날을 계기로 독도에 대한 국민적 관심을 모으고, 제대로 독도에 대한 교육을 하게 된다면 물론 바람직한 일이다.

그러나 정부 차원의 공식 행사라면 사정이 무척 달라진다. 독도가 '분쟁 지역'임을 국제적으로 공인하는 것이나 마찬가지기 때문이다. 2013년에 한국의 교육부는 그해 검정을 통과한 고교 한국사 교과서 8종 중 '독도 문제', '독도 영유권 논쟁', '독도의 실효적 지배'라는 표현이 들어간 교과서들을 수정할 것을 권고했다. 명백히 대한민국 영토인 독도는 '문제'나 '논쟁'의 대상이 아니며, '실효적 지배'라는 말도 쓸 이유가 없다는 뜻이었다.

분명히 실효적 지배를 하고 있는데 실효적 지배라는 말을 쓸 이유가 없다고? 얼핏 들으면 이게 무슨 홍길동 '호부호형呼父呼兄' 같은 말인가 의아할 수도 있다. 이런 분들은 다음 문장을 읽어본 뒤 과연 어떤 느낌이 드는지 헤아려볼 필요가 있다.

'대한민국은 울릉도를 실효적으로 지배하고 있다.'

맞는 말이긴 한데, 뭔가 좀 어색하지 않은가? 그럼 다음 문장.

'대한민국은 제주도를 실효적으로 지배하고 있다.'

어색함의 강도가 훨씬 더 커졌다. 그러면 다음 문장까지 보자.

'대한민국은 여의도를 실효적으로 지배하고 있다.'

이제는 '개그콘서트' 같은 느낌까지 들 것이다. 그러나 가만히 생각해보면 웃을 일이 아니다. '대한민국의 독도 실효 지배'가 '울릉도·제주도·여의도 실효 지배'와 과연 무엇이 다른가. 모두 다 대한민국의 영토라는 점에서는 조금도 차이가 없다. 그런데 오직 '독도 실효 지배'라는 표현만 그럴듯하다는 느낌이 든다면, 이는 독도를 분쟁 지역화하려는 일본측의 술수에 벌써 우리가 일정 부분 휘둘리고 있기 때문이라고 하면 지나친 표현일까.

이것이 교과서 속 표현이라면 문제는 훨씬 더 심각해진다. 1952년 이승만 대통령의 평화선 선포 이래 끊임없는 도발을 통해 독도를 분쟁 지역화하려는 일본의 책략에, 이미 일부 교과서 필자들까지 말려들어가고 있었던 셈이다. 만약 '독도의 날'이 국가 기념일로 격상된다면 가장 기뻐할 사람은 독도 재침탈을 꿈꾸는 일본인들일지도 모른다. 그들이 원하는 '독도 분쟁 지역화'에 보기 좋게 화답하는 셈이기 때문이다. 인터넷 기사에 일부러 악플을 달아 관심을 유도하는, 질이 좋지 않은 사람들에게 당하는 것이나 마찬가지다.

1900년 '칙령 제41호'의 '석도'가 '독도'와 같은 섬이라면, '독도'라는 지명이 현재 이름 그대로 맨 처음 나오는 자료는 무엇일까? 뜻밖에도

1940년대 독도 인근에서 촬영된 강치 무리. (독도관리사무소 사진)

일본측 자료다. 1904년 9월 25일 일본의 군함 니타카新高의 「행동일지行動日誌」가 그 이름을 처음 기록했다. "한국인은 이것을 독도라고 쓰고 본국(일본)의 어부 등은 줄여서 리안코도라고 부른다." 이는 아무리 늦어도 1904년 이전에 한국이 울릉도 동남쪽의 바위섬을 '독도'라 부르며 자국 영토로 삼고 있었다는 것을 말해준다.

반면 일본인들은 자기들이 부르던 이름인 '마쓰시마'를 망각한 채, 프랑스인들이 붙인 이름을 일본식으로 읽은 '리안코'라 부르고 있었던 것이다. 다시 정리해보자. 동해상에 한 섬이 있다. 이 섬에는 '독도'라는 한국 이름이 붙어 있다. 그런데 일본인들은 서양식 이름으로 부르고 있다. 이 섬은 과연 어느 나라 섬인가? 독도 문제를 계속 추적하다보면 이렇게 초등학생도 대답할 수 있는 질문을 해야 할 때가 많다는 것이 안타깝다.

그런데 니타카함이 이 시점에 독도에 온 목적은 무엇이었을까. 러시아와의 전쟁에 대비해 망루를 설치하기 위한 사전 답사였다. '독도'라는 이름이 역사에 처음 등장하는 대목은 하필이면 일본이 그 섬을 침략하려는 순간이었던 것이다.

강치를 잡아간 일본인들은 대한제국에 '세금'을 냈다

울릉도 개척령 이후 19세기 말에는 조선 본토에서 합법적으로 건너간 주민 외에도 수많은 일본인들이 울릉도에 함께 거주했다. 물론 불법이었으나 울릉도의 조선 관리들은 이들을 강제로 추방할 여력이 없었고, 세금을 받는 선에서 타협점을 찾기도 했다는 것을 앞에서 설명했다. 대한제국은 1900년 '칙령 제41호'의 후속 조치로 1902년 울도군수에게 '울도군 절목節目'을 내렸는데, 여기서는 군수의 세금 징수를 구체적으로 규정했다.

당시 독도의 특산물 중 대표적인 것이 '강치'였다. 강치는 바다사자의 일종으로, 정확히 말하면 세계적으로 분포권에 따라 나뉘는 3종種의 바다사자 가운데 하나다. (1)북미 태평양 연안 밴쿠버에서 멕시코 서해안 나야리트 연안에 이르는 해역에 서식하는 종. (2)갈라파고스 군도에만 고립돼 서식하는 종. (3)독도를 포함한 한반도 연안과 일본 연안, 즉 동해에 서식하는 종이다. 바로 (3)에 해당하는 바다사자의 별칭

1934년 일본 오키 섬의 어민이 독도에서 자망으로 강치를 잡고 있다. (일본 시마네현 오키 섬 구미 다케시마역사관 사진)

이 '강치'다. 다 자란 수컷의 길이는 2.5미터가 넘을 정도로 크다. 『조선왕조실록』에 '가지어'란 이름으로 등장하는 강치는 20세기 초까지만 해도 독도에 3~5만 마리가 서식하고 있었다. 독도는 강치의 최대 번식지였던 것인데, 강치가 생식하는 데 조용한 무인도의 환경이 잘 맞았기 때문이었다.

그러나 강치의 가죽과 기름을 얻으려는 일본인들이 독도로 몰려들었다. 17세기 '다케시마 도해 면허'를 근거로 무단으로 울릉도와 독도로 건너왔던 일본인들이 처음이었다고 볼 수 있다. 1696년 안용복이 독도에서 쫓아낸 일본인들은 강치 기름을 달이던 중이었다. 본격적인

일본 돗토리현 사카이미나토의 여객선 터미널 내부에 시마네현이 설치한 대형 간판. "'다케시마' 돌아오라 섬과 바다/다케시마는 우리 나라 고유의 영토다./다케시마의 영토권의 확립과 어업의 안전 조업의 확보를'이라고 썼다. (2018년 5월 25일 필자 사진)

포획은 20세기 들어서 이루어졌다. 강치 가죽은 방한모로, 기름은 등불용으로 인기가 좋았다. 멀리서도 사람 냄새를 맡으면 재빨리 도망가기 때문에 소리가 나는 총살이나 박살 대신, 지나가다 그물코에 걸리도록 하는 자망刺網을 주로 사용했다고 한다.

일본 다케시마어렵합자회사가 1905년부터 8년 동안 모두 1만 4000마리를 잡았고, 1906~1928년에는 매년 100~300마리를 포획했다. 한마디로 무자비한 남획濫獲이었고, 주로 독도의 시마네현 편입 이후 대규모로 이뤄졌다는 것을 알 수 있다. 그야말로 강치의 씨를 말

오키 섬의 사이고 항 육교 위에 설치된 간판. '다케시마는 옛날에도 지금도 오키의 섬'이라 쓰여 있다. (필자 사진)

리는 일본인들의 마구잡이 포획으로 독도의 강치는 1950년대에 이르면 겨우 수십 마리만 잔존하게 됐다. 세계자연보전연맹IUCN은 1950년대 이후 신뢰할 수 있는 목격 사례가 없다며 1994년 독도 강치가 멸종했다고 선언했다. 일본에서도 1974년 홋카이도의 레분 섬에서 한 마리가 생포된 것이 마지막 관찰 기록이었다. 세계 바다사자의 세 종 중에서 동해의 종이 완전히 자취를 감춰버린 것이다. 그 주범主犯이 일본인이라는 사실은 너무나 분명하다.

독도의 강치를 남획한 일본인들은 어디서 왔는가? 바로 독도의 역사에 '은주(인슈)', '은기도'라는 이름으로 곧잘 등장하는, 독도에서 가장 가까운 일본 땅, 현재 일본 시마네현의 오키 섬이다.

2018년 5월에 오키 섬 현장 취재를 갔다. 사카이미나토境港의 여객선 터미널 내부에서부터 시마네현이 설치한 대형 간판을 볼 수 있었다. 오키 섬에서 독도까지의 거리만 표시하고 독도와 울릉도 사이의 거리를 표시하지 않은 지도와 함께 이렇게 쓰여 있다.

> '다케시마' 돌아오라 섬과 바다
>
> 다케시마는 우리 나라 고유의 영토다.
>
> 다케시마의 영토권의 확립과 어업의 안전 조업의 확보를
>
> 시마네현

오키 섬은 여객선을 타고 약 두 시간 거리였다. 여객선 안에 붙어 있는 오키 섬의 관광지도에는 오른쪽 하단에 상자 형태의 지도를 따로 그려 멀리 떨어진 독도를 굳이 '다케시마'라는 이름으로 집어넣고 제목을 '오키와 다케시마의 위치'라고 붙여놓았다. 도착 지점인 오키 섬의 사이고西鄕항 육교에는 이런 표어가 적힌 플래카드가 대문짝만하게 붙어 있었다. '다케시마는 옛날에도 지금도 오키의 섬.' 여객 터미널 주차장에는 '다케시마 돌아오라 섬과 바다'라고 쓴 광고탑이 버젓이 서 있었다.

총면적 약 346제곱킬로미터에 인구 2만여 명인 오키 제도는 일본

오키 섬 서북쪽 구미 마을 해안에 일본 신도청년전국협의회가 2014년 건립한 '죽도지비'. 비석 뒷면엔 '다케시마는 일본인이 자유롭게 왕래하며 어업 활동을 하던 곳'이라고 썼다. (필자 사진)

의 '독도 왜곡 전진기지'나 마찬가지였다. 이들이 '독도는 오키 섬의 부속 영토'라 강변하는 이유는, 이곳이 과거 독도로 건너가 어업 활동을 하던 어민들의 출항지였다는 데 있다. 그런데 지금까지 살펴본 한국과 일본의 모든 자료 가운데 '독도가 오키 섬의 부속 섬'이라고 한 것이 있었던가? 러일전쟁 이전까지는 없었다. 자료를 섭렵하고 나면 실로 실소가 나오는 주장일 수밖에 없다. 일본의 서쪽 경계를 명확히 한 1667년의 「은주시청합기」를 다시 떠올려보자. '울릉도와 독도에서 조선 해안을 보는 것이 이즈모에서 오키 섬을 보는 것과 같다'고 했다. '오키 섬은 일본에서 가까운 섬, 울릉도와 독도는 조선 해안에서 가까

오키 섬 구미 항의 방파제에 부착된 높이 3미터의 대형 간판. 독도 사진과 함께 '다케시마 돌아오라 섬과 바다!'라는 문구를 썼다. (필자 사진)

운 섬'이라는 인식이다. '오키 섬 주민들이 어업 활동을 했다'는 것은 1696년의 '다케시마 도해 금지령'에도, 1877년의 「태정관 지령」에도, 1900년 대한제국의 '칙령 제41호'에도 모두 위배되는 불법 어업 활동이었다. 2005년 시마네현이 '다케시마의 날'을 제정한 이후 이 섬은 일본 독도 왜곡의 주요 선전장이 되었다. 섬 곳곳에서 독도가 일본 땅이라는 선전과 날조를 볼 수 있었다.

독도 왜곡은 과거 독도 강치 잡이가 번성했던 오키 섬 서북쪽 구미久見 마을에 집중돼 있다. 독도 쪽 바다가 보이는 언덕에는 일본 신도神道청년전국협의회가 2014년 건립한 '죽도지비竹島之碑'가 서 있다. 비석 뒷면엔 '다케시마는 일본인이 자유롭게 왕래하며 어업 활동을 하던

독도 강치의 모습을 새긴 오키 섬의 맨홀 뚜껑. (필자 사진)

곳'이라 강조했다.

'자유롭게 왕래하며'라고? '자유'의 의미가 이렇게까지 오용될 수 있다는 것에 대해 이 바닷가에서 곱씹을 수 있었다. 오키 섬에서는 '불법'이 '자유'로 둔갑한 셈이다. 이 '자유롭게'라는 말은 역사에 비춰볼 때 더욱 묘한 여운을 남기는데, 일본 시마네현이 불법으로 독도를 자국 영토에 편입한 1905년 이후에는 오키 섬 주민들의 독도 이동에 아무런 법적·실효적 제재가 없었기 때문이다. 저들은 '침략'의 시절을 그리워하고 있는 것이다.

'죽도지비'가 서 있는 지점에서 독도까지의 거리는 158.5킬로미터로 울릉도와 독도 사이의 거리인 87.4킬로미터의 1.8배다. 이 비석에서 멀리 바다를 보면 독도가 보일 것 같은 분위기를 연출해놓았지만, 아무리 맑은 날이라도 결코 보이지 않는다.

구미항의 방파제에는 독도 사진과 함께 '다케시마 돌아오라 섬과 바다!'라는 문구를 쓴 높이 3미터의 대형 간판이 부착돼 있다. 섬 여기저기에서 독도의 상징인 강치의 모습을 새긴 맨홀 뚜껑도 보였다. 이런 생각이 들었다. '너희들이 마구 잡아 멸종시킨 강치가 그리운 것인가?'

독도 관련 자료는 '구미 다케시마역사관'과 '오키향토관'에 전시돼 있다. 2016년 개관한 작은 마을 사무소 규모의 '다케시마역사관'은 오키 섬 주민들의 어업 활동을 상세히 소개하고 있는데, 강치를 남획해 멸종시킨 장본인인 일본의 불법 어업 활동이란 점에서 보면 오히려 자신들에게 불리한 자료를 전시하고 있는 셈이다.

메이지 시대인 1885년 세워졌다는 근대식 2층 건물인 고카촌五箇村의 '오키향토관'도 마찬가지다. 1층에 마련된 '다케시마의 방'에는 어업 활동 관련 사진과 신문 기사, 독도에서 가져온 돌을 전시해놓았고, TV 모니터로 틀어놓은 선전용 DVD는 "한국 기록의 우산도는 다케시마가 아니다"라는 말을 앵무새처럼 반복했다.

우리 일행을 죽도지비, 구미 다케시마역사관, 방파제, 오키향토관으로 안내했던 70대의 택시 운전사는 다시 사이고항으로 돌아올 무렵 무겁고 낮은 목소리로 입을 열었다.

"그런데…… 이제 와서 다케시마를 일본 땅이라고 주장하는 것이 일본에 무슨 이익이 되는 건지 도무지 모르겠습니다."

아마도 그의 말은 오키 섬 주민의 한 가닥 양심이었을 것이다.

독도 왜곡 선전의 진원은 마쓰에松江시에 자리한 시마네현 현청縣廳 건물에 있다. 대로와 인접한 현청 제3분청사 2층의 '다케시마 자료실'은 2007년 문을 연 66제곱미터(20평) 정도의 공간이다. 여기에 독도의 연혁과 일본의 독도 영유권 주장 근거 등 상세한 내용이 담긴 게시물과 관련 자료 100여 점, 한국어를 포함해 여러 언어로 쓴 선전물을 비치하고 있다. 관람객이 하루 20~30명씩 꾸준히 찾는다. 자료실에 비치된 선전물의 '다케시마는 시마네현 소속'이라는 모든 주장의 근거는 대부분 일본 외무성의 '다케시마 홍보 팸플릿'의 논리에서 벗어나지 않았다.

취재에 동행한 이승렬 해군사관학교 국제관계학 교수가 말을 꺼냈다. "참 기가 막히는군요……" 법적 효력이 없는 1951년의 「러스크Rusk 서한」처럼 일본측에 유리해 보이는 자료만 소개하고, 독도가 한국 영토임을 분명히 한 1946년 '연합국 최고사령부 지령SCAPIN 677호'처럼 결정적인 자료는 쏙 빼놨다는 것이다. 역시 일행이었던 고창근 독도수호국제연대 집행위원장은 이렇게 말했다. "동북아 정세가 격동하는 속에서도 일본 정치인들이 꾸준한 차세대 교육을 통해 장기적으로 독도 영유권을 강탈하려는 전략을 경계해야 합니다."

그런데 시마네 현청의 '다케시마 자료실'에서 가장 인상적인 것은 따로 있었다.

숱한 선전 패널에 등장하는 시마네현측의 '다케시마 마스코트'는 다름 아닌 강치였다. 강치가 말풍선 속 선전 문구를 통해 '여러분! 다케시마가 왜 일본 땅인지 설명해드릴게요. 한국은 거짓 주장을 하고 있답니다'라고 관람객들에게 말을 거는 것이었다.

'인면수심人面獸心'이란 아마도 이럴 때 쓰는 말일 것이다.

여기서 눈여겨봐야 할 부분이 있다.

일본인들은 과연 1905년 시마네현의 독도 불법 편입 이후에만 강치를 잡아간 것일까? 그렇지 않다. 그전부터, 그러니까 독도가 대한제국 '칙령 제41호'에 의해 울도군의 관할 구역이라는 것이 재확인되던 당시에도 잡아가고 있었다. 그런데 앞서 본 오키 섬의 선전 문구처럼 과연 '자유롭게' 잡아갔던 것일까?

결코 그렇지 않았다. 왜? 오키 섬 주민 입장에선 명백히 '남의 나라 땅'이었기 때문이다.

유미림 박사의 분석을 자세히 들여다보자. 1905년 가을에 부산의 일본 영사관에서 일본 외무성에 제출한 「울릉도 현황」을 보면 이런 기록이 나온다. "(울릉도에서) 1904년에는 강치 가죽 800관과 기름 20말, 1905년 상반기에는 강치 가죽 1275관과 기름 414말을 수출했다." 자, 여기서 다음과 같은 말이 나온다는 것을 주목해야 한다. "량코도(독도)의 도도(강치)는 1904년경에 울릉도민이 잡기 시작했고 10명의 어부가 하루 평균 5마리를 잡았으며 3조組 30인이 이 사업에 종사하고 있다."

부산의 일본 영사관 관리가 1905년에도 독도를 울릉도에 속한 땅으로 보았고, 울릉도에 사는 한국 어민이 독도에 가서 어업 활동을 하고 있었다는 것이지만, 더 중요하게 봐야 할 사실이 있다. 바로 강치가 '울릉도의 수출품'이었다는 것이다.

1902년의 「울도군 절목」에 따르면 울릉도 산물을 일본으로 가져갈 때 1퍼센트의 '수출세'를 울도군수에게 내야 했다. 물론 터무니없이 낮은 세율이었지만 일본인들이 이 세금 납부를 거부한 적은 없었다. 당시 대한제국의 산물이 정상적으로 수출됐다면 '조일통상장정朝日通商章程'에 따라 부산항에서 5퍼센트의 관세를 내야 했으나, 독도에서 잡은 강치를 울릉도 항구로 가져와 낮은 관세를 낸 뒤 직수출했다. '수출세'라는 것은 타국과의 관계에서만 성립되는 개념이다.

정리하자면, 일본인들은 독도에서 강치를 잡아갈 때 대한제국에 꼬박꼬박 '세금'을 냈다는 것이다.

아마도 울릉도에서 싼 관세를 내는 데 만족했을 오키 섬 어부들은 그런 생각까지는 꿈에서도 하지 못했겠지만, 이것은 1905년 이전에 독도가 무주지無主地, 즉 '주인 없는 땅'이 아니었다는 중요한 근거가 된다. 유미림 박사는 이렇게 말한다. "울릉도 수출품에 세금이 매겨졌고, 그것이 관세의 범주에 속한다는 사실이 밝혀졌다면, 이를 영유권 개념과 분리해 논하기는 어렵다. 관세는 국경선, 즉 영유권의 개념과 불가분의 관계이기 때문이다." "만일 일본인들이 강치의 원산지인 독도를 대한제국의 영토로 인정하지 않았다면, 강치를 제외한 나머지 산물, 즉 목재나 콩 등에 대해서만 과세할 것을 요구했어야 한다. 그런데 그와 관련된 기록은 보이지 않으며 (일본) 외무성 관리는 강치를 울릉도 수출품으로서 본국에 보고했다."

일본인들이 왜 울도군수에게 세금을 냈나?

그것은 그들도 '독도가 울릉도에 속한 섬'이란 사실을 알고 있었기 때문이다. 그 사실은 일본 어민들의 출항지인 오키 섬에서도, 오키 섬이 속한 시마네현에서도 당연히 알고 있었다. 1905년 시마네현이 독도를 불법 편입할 때 '주인 없는 땅이기 때문에 우리가 선점한다'고 했던 것은 완벽한 거짓말이었던 셈이다. 독도는 무주지가 아니었다. 약소국이 낸 법령이라고 해서 1900년의 '칙령 제41호'를 무시하지 말라.

'한일의정서'와 일본군의 망루 설치 계획

열강의 제국주의가 세계를 뒤흔들던 1900년 전후, 울릉도와 독도 역시 태풍의 한가운데에 있었다. 1896년 아관파천을 계기로 러시아는 조선에 여러 이권을 요구했다. 이해 러시아 상인에게 삼림 벌채권을 특별 허가하기로 약정을 맺을 때 울릉도 삼림도 포함돼 있었다. 러시아 정부는 울릉도에서 일본인이 벌채하는 것을 견제했고, 1899년 러시아 조사단 30여 명이 원산에서 울릉도로 건너와 섬 지형과 일본인의 상황을 조사했다. 일본은 러시아가 울릉도의 전략적 가치를 인식하고 군사 기지를 설치할 것으로 예상하고 있었다.

동해 한복판의 울릉도와 독도는 그 바다를 둘러싼 러시아와 일본이라는 두 열강 모두에 중요한 전략적 요충지였다. 러시아가 볼 때 연해주 남단 항구인 블라디보스토크에서 대한해협을 빠져나가 남하하는 항로 가운데 울릉도와 독도가 있었다. 일본 입장에서는 만주로 가는 바닷길 중간에 있는 거점이었다. 러일전쟁의 징후가 이미 울릉도와 독도에서부터 보이고 있었던 셈이다.

전쟁 발발 1년 전인 1903년, 러시아 조사단 20여 명이 블라디보스토크에서 울릉도로 와서 9월 2일부터 11일까지 현황을 조사하며 군수 심흥택과 면담했다. "삼림 벌채권은 우리 러시아에 있는데 왜 군수는 한국인과 일본인의 벌채를 금지하지 않았소?" 당혹스러웠을 심흥택의 표정에선 러시아와 일본 양국의 위협으로 인해 위기에 빠진 대한제국의 민낯이 그대로 드러났을 것이다.

5개월 뒤, 마침내 포성이 터졌다. 1904년 2월 8일 일본군이 인천항과 뤼순旅順항에 정박한 러시아 군함을 선제공격해 러일전쟁이 발발했다. 일본군은 한국 정부의 동의 없이 군대를 한반도에 상륙시켰고 전광석화처럼 서울을 점령했다. 이 상황에서 일본이 2월 23일 대한제국 정부를 위협해 강제 조인한 것이 '한일의정서', 일명 '갑진늑약'이다.

TV 드라마 〈미스터 션샤인〉에선 서슬 퍼런 기세의 일본 낭인이 한국 외부대신 이지용의 목에 칼을 들이대고, 일본 공사는 "문서에 서명하라"고 위협하는 장면이 나왔다. 방송 직후 '한일의정서'는 인터넷 실시간 검색어에 올랐다. 드라마의 설정은 물론 과장이었는데, 외부대신 이지용은 이미 일본에 포섭된 친일파였다. 하지만 한국 정부에 엄청난 압력이 가해졌던 것은 분명한 사실이다. 서울을 탈출하는 러시아 공사 파블로프에게 고종 황제는 "짐은 사실상 일본인의 포로가 됐으며 권력을 행사할 모든 기회를 박탈당했다"고 토로했다. 의정서 체결을 반대한 탁지부度支部대신 이용익 등 고종의 최측근 인사들은 일본으로 납치됐다.

한데 당시 서울의 분위기는 지금 우리가 생각하는 것과는 많이 달랐던 것 같다. 안중근은 "한국인은 (러일전쟁에서) 일본의 승리를 마치 자국이 승리한 듯이 기뻐했다"고 회고했고, 남궁억은 "개전 초에 남녀노유가 일병日兵을 환영해 집안사람이나 형제가 상봉함과 같았다"고 했다. 아직도 일본의 침략 본심을 눈치채지 못한 한국인에게 '황인종이 단결해 백인 열강을 물리치자'는 논리가 일부 먹혀들어가고 있었던 것이다. 물론 그 달콤한 환영 무드 속에서 일본이 내민 것은 동양 평화의 깃발이 아니라 날을 세운 침략의 비수匕首였다.

대한제국의 중립 선언은 휴지 조각이 됐고, 일본측으로선 의외로 민심이 일본에 나쁘지만은 않았다고 오판할 수 있었던 상황에서, 일본은 한국을 전쟁 기지로 만들기 위한 조약을 강요했다. 이것이 '한일의정서'였다.

의정서의 내용은 한마디로 '종합 침략 세트'나 다를 바 없었다. 1조

'한국은 시정 개선에 관한 일본 정부의 충고를 쓸 것'(너희 내정은 이제부터 우리가 휘어잡을게), 4조 '일본은 유사시 한국 내 군략상 필요 지점을 수용할 수 있다'(한국 영토를 군사적으로 정복해도 찍소리 하지 마), 5조 '승인 없이 본 협약에 위배되는 협약을 제3국 간에 체결할 수 없다'(너흰 이제 외교 같은 건 안 해도 돼)였다.

여기서 좀더 자세히 들여다봐야 할 조항이 있다. 4조다.

"제3국의 침해나 내란으로 인해 대한제국 황실의 안녕과 영토 보전에 위험이 있을 경우 대일본제국 정부는 속히 임기응변의 필요한 조치를 행할 것이며, 대한제국 정부는 대일본제국 정부의 행동이 용이하도록 충분히 편의를 제공할 것. 대일본제국 정부는 앞항의 목적을 성취하기 위해 군략상 필요한 지점을 수기隨機(기회에 따라) 수용할 수 있다."

'군사 전략상 필요하다'는 일본측의 판단만 있다면, 바꿔 말해 일본 마음대로, 한국 영토 어느 곳이나 군사 점령할 수 있다는 의미다. 여기서 특히 '어느 곳'이라는 부분에 밑줄을 치면 이런 생각이 들 수 있을 것이다.

그렇다면, 독도를 군사 점령할 수 있다는 것인가?

불행히도 그것은 실제 상황이 됐다. 러시아 함대가 블라디보스토크에서 남하해 1904년 6월 쓰시마해협에서 일본 수송선을 격침하는 등 동해에서 기선을 잡자, 일본 해군은 발등에 불이 떨어진 상황이 됐다. 전 군함에 무선 전신을 설치하는 작업을 서두르는 동시에, 러시아 함대의 동태를 감시하기 위해 한국 동해안의 죽변을 비롯해 20개소에 해군 감시탑인 망루望樓를 설치하려는 계획을 세웠다.

그 망루 중 두 개가 들어설 자리는 울릉도였고, 나머지 한 개의 위치는 바로 독도였다.

망루뿐 아니라 해저 케이블을 깔아 한반도 북부–울릉도–독도–일본을 연결하는 전산망을 설치하겠다는 계획이었다. 독도는 이 해저 케이블의 중간 기지 역할로 적합한 섬이라는 판단이었다.

1904년 7월 망루 건설을 결정한 일본은 8월 초 울릉도 도동과 현포에서 착공했고, 9월 초에 완공했다. 죽변과 울릉도를 잇는 해저 케이블은 9월 8일 공사를 시작해 9월 25일 완공했다. 5월부터 계획을 세워놓았던 독도 망루 건설은 지연되고 있었는데, 일본 해군은 11월 쓰시마호에 독도 망루의 타당성 여부를 조사하도록 했다. 쓰시마호의 보고는 '동도와 서도에 한 곳씩의 후보지가 적합하며, 독도의 지형이 특이하고 식수와 식량·연료가 없다'는 내용이었다. 독도 망루 건설은 1905년 5월 30일에야 확정된다.

여기서 아래와 같은 주장을 하는 일본인들이 있는데, 이 대목에 이르면 근대 일제 침략의 역사에 아예 무지한 것 같아 한숨이 나올 지경이다. 이들의 주장은 대체로 이런 내용이다.

"해저 케이블을 설치하고 망루를 세우는데 왜 한국 정부는 아무런 항의를 하지 않았는가? 이것은 독도가 한국 영토가 아니라는 뜻이다. 한국이 일본의 독도 편입을 사실상 승인한 것 아닌가?"

이 일본 친구들에게 상기시켜주고 싶다. "'한일의정서' 제4조를 보란 말이다, 바보들아! 군략상 필요한 지점을 너희 마음대로 수용할 수 있다고 하지 않았느냐! 한국의 영토를 언제든지 점령할 수 있도록 하려고 러일전쟁 발발 직후 무력으로 서울을 점령하고 협박해 이런 조약을 강제로 맺은 게 아닌가. 그래서 손발이 묶인 한국 정부는 케이블에도, 망루에도 항의할 수 없었던 것이다. 이래도 시마네현의 독도 편입이 침략이 아니라고 하겠는가!"

'임자 없는 땅'이라고 억지로 우기다

우리는 여기서 나카이 요자부로中井養三郎(1864~1934)라는 일본인의 이름을 기억해야 한다. 나카이는 오키 섬을 거점으로 삼고 러시아와 한국 근해까지 활동 영역을 넓히던 기업형 어업가였다. 1903년 독도에서 강치 포획을 시도해본 뒤 그는 강치 잡이가 수지맞는 사업이라는 것을 깨닫고 1904년부터는 다른 어업을 그만두고 강치잡이에만 전념하기로 마음먹었다. 그의 생각은 이런 것이었다.

'다른 업자들보다 한발 먼저 독도 강치 독점권을 따내야겠다!'

한 수산업자의 업종 변환이 역사에 큰 파장을 가져오게 될 줄은 그때만 해도 아무도 몰랐을 것이다. 그가 독도에서 강치잡이를 하려고 지은 임시 막사와 그곳에 걸어둔 일장기가 이후 '다케시마 선점'의 구실이 될 줄은 더더욱 몰랐을 것이다. 나카이가 독도 강치를 독점하기 위해 가장 먼저 실행하려 했던 일은 무엇이었던가? 바로 대한제국 정부로부터 독도를 임대하는 것이었다. 1901년 나카이는 자신이 쓴 「이력서」 중 '사업경영개요'에서 "독도가 울릉도에 부속해 한국의 영토라고 생각했다"고 솔직하게 밝혔다.

민간인이어서 한국 정부와 직접 교섭할 능력이 없었던 나카이는 일본 정부의 알선을 받아 한국 정부에 선금을 내고 어업 독점권을 청원하기 위해 도쿄로 갔다. 그는 같은 오키 출신인 농상무성 수산국원의 안내로 수산국장 마키 보쿠신牧朴眞을 만났다. 나카이와 상담한 마키는 "우선 그 섬의 소속을 확인해야 한다"며 그를 해군 수로부장 기모쓰키 가네유키肝付兼行(1853~1922)에게 보냈다.

그런데 기모쓰키는 나카이의 말을 듣고 엉뚱한 생각을 품게 됐다. "독도의 소속은 확실한 증거는 없으나 (…) 일본인 중에 이 섬의 경영에 종사하는 자가 있는 이상 일본령에 편입되는 것이 당연하다." 이것은 거짓말이었다. 기모쓰키는 독도가 한국 영토라는 사실을 이미 알고 있었다. 그의 이름을 걸고 1896년 4월 15일 발행된 항해용 지도 〈조선전안〉에 독도를 이미 조선 땅으로 표기했던 것이다. 한철호 동국대 교수가 2013년 발굴한 일본 해군 수로국의 오키 열도 측량 보고서인 「오키회항약기隱岐回航畧記」에서도 독도를 일본 영토에서 제외했는데, 그 측량 책임자 역시 기모쓰키였다.

알면서도 이런 일을 저질렀다니? 이는 전쟁중에 타국 영토를 획득해 전쟁에서 유리한 위치를 차지하려던 야욕으로밖에는 해석할 수 없다. '무주지 선점', 즉 섬의 소속을 모르는 상태에서 자국 영토로 삼은 게 아니라, 명백하게 타국 영토인 줄 알면서도 자국 영토로 삼았다면, 우리는 이것을 '침략'이라고밖에 부를 수 없다.

나카이는 이들과 상담한 뒤인 1904년 9월 29일 한국 정부가 아니라 일본 내무성·외무성·농상무성 세 곳의 대신大臣 앞으로 보내는 「량코도 영토 편입 대하원貸下願(빌려달라는 요청서)」을 제출했다. "량코도(독도)를 일본 영토로 편입해 내게 대여해달라"는 청원이었다. '마쓰시마'도, '다케시마'도 아닌 '량코도'였다. 독도가 그전까지는 일본에서 전혀 모르고 있던 섬인 것처럼 위장된 셈이다.

그러나 나카이의 희망과는 달리 내무성 당국자는 그의 청원을 거절했다. 이노우에井上 서기관으로 알려진 이 당국자는 "시국(러일전쟁이 벌어지고 있는 상황)이 시국이니만큼 한국령이라고 의심되는 황량한 일개 불모不毛의 암초를 차지해 외국으로 하여금 일본이 한국 병합에 야심이 있다는 의심을 키우도록 하는 것은 이익이 적은 데 비해 사태 해결은 용이하지 않다"고 말했다. 이 말은, 당시 일본 내무성 공무원이 독도가 한국 땅인지 여부는 확실하지 않지만 일본 땅은 분명히 아니라고 확신하고 있었음을 드러낸다.

겉으로만 보면 이 말은 '지금 우리 일본은 동양 평화를 위해 전쟁을 치르고 있는데, 불필요하게 제3국의 영토를 빼앗아 오해를 사서야 되겠는가? 다른 나라들에 우리 일본이 진짜로 한국을 병합하려는 것처럼 보이지 않겠는가'라는 의미인 것처럼 들린다. '그래도 의로운 일본인이 있었구나' 하고 생각할 수도 있지만 그 속내는 달랐을 수도 있다. '어차피 우리 일본이 한국을 병합하면 그깟 작은 섬뿐 아니라 한국 전체가 우리 일본 땅이 될 텐데 이 무슨 쓸데없는 짓인가. 괜히 병합 전부터 다른 열강들에 의도를 드러내는 것은 전략상 좋지 않다.'

독도 편입 시도가 여기서 끝났더라면 나카이는 다른 방법으로 강치 독점권을 따내려 했을 테지만, 외무성에선 전혀 다른 이야기를 했다. 정무국장 야마자 엔지로山左円次郎란 자는 나카이에게 "지금이야말로 영토 편입을 서두를 필요가 있으며, 망루를 세워 무선 또는 해저전선을 설치하면 적함의 감시에 매우 유리할 뿐만 아니라 특히 외교상으로는 문제없다"고 말했던 것이다.

옳거니! 이미 울릉도까지 케이블은 연결됐고, 독도 망루 설치는 계획만 세워놓고 유보된 상태였는데 아예 독도를 일본 땅으로 편입하면 모두 쉽게 진행할 수 있겠구나! 이것이 야마자의 생각이었다. 이자의 말 중에서 '특히 외교상으로는 문제없다'라는 것이 무엇을 의미하는지는 분명하다. 바로 '한일의정서' 제4조다. '군사 전략상 필요하다면 한국의 아무 땅이나 점령할 수 있다'는 내용의 조약을 이미 강제로 체결한 상태였던 것이다. 하지만 독도에 망루를 설치하려면 한국 정부에 통보해야 하는데, 이 경우 군사 기밀이 노출될 수도 있을 터. 아예 일본 영토로 만들면 그럴 필요조차 없어진다고 판단했을 수도 있다.

야마자의 말에 고무된 나카이는 청원 활동을 계속했다. 마침내 일본 정부는 내무대신에게 나카이의 청원서를 수용해 1905년 1월 10일 자로 내각회의 결정을 요청하도록 했다. 이에 따라 같은 해 1월 28일 일본 내각회의는 이런 결정을 내렸다.

"다케시마를 일본 영토로 편입한다!"

그전까지 일본 정부가 공식적으로 불러오던 '마쓰시마'도, 나카이의 청원서에 등장했던 '량코도'도 아니었다. 앞서 설명했듯, 서양 지도로 인해 명칭에 혼동을 겪은 결과인 '다케시마'라는 이름이 불쑥 튀어나왔던 것이다. '저 땅을 빼앗아 내게 달라'고 한 일개 수산업자의 간 큰 청원이 받아들여졌다는 것은 한국 침략을 기도하는 일본 정부 수뇌부의 전략적인 고려가 작용했다는 뜻이다. 나카이라는 어부가 때마침 청원을 해준 것이 훌륭한 구실이 된 셈이다. 이때 일본 내각회의 결정문에서 도대체 뭐라고 했는지 살펴보자.

"메이지 38년(1905년) 1월 28일 각의閣議 결정

별지 내무대신 청의 무인도 소속에 관한 건을 심사해보니, 북위 37도 9분 30초, 동경 131도 55분, 오키 섬으로부터 서북으로 85리에 있는 이 무인도는 타국이 이를 점유했다고 인정할 형적形迹이 없다. 지난 (메이지) 36년(1903년) 우리 나라 사람 나카이란 자가 고기잡이 집을 만들고, 인부를 데리고 가 사냥 도구를 갖춰 해마잡이에 착수하고, 이번에 영토 편입과 (자신에게) 빌려줄 것을 출원했는데, 이때에 소속 및 섬 이름을 확인할 필요가 있으므로, 그 섬을 다케시마라 이름 짓

고 이제부터는 시마네현 소속 오키 도사島司의 소관으로 하려고 하다. 이를 심사하니 메이지 36년 이래 나카이란 자가 그 섬에 이주하고 어업에 종사한 것은 관계 서류에 의해 밝혀지며, 국제법상 점령의 사실이 있는 것이라고 인정해 이를 본방(우리 나라) 소속으로 하고 시마네현 소속 오키 도사의 소관으로 함이 무리 없는 것이라 사고하여 청의대로 각의 결정이 성립됐음을 인정한다."

'타국이 이를 점유했다고 인정할 형적이 없다'는 것은 독도가 '무주지', 즉 '주인 없는 땅'이라는 뜻이다. 신용하 교수는 "독도를 '무주지'로 주장한 것은 나카이의 청원서에는 없던 것을 일본 내무성과 내각회의가 만들어 넣은 것"이라고 지적한다. 그런데, '무주지'라고?

다시 한번 읽어보자. '무無, 주主, 지地.'

이게 정녕 말이 되는 얘긴가?

시간을 돌이켜보자. 독도는 '무릉도(울릉도)'와 '우산도(독도)'로 이뤄진 우산국을 서기 512년 이사부가 복속시켰을 때부터 한국 영토였다. 독도에서 일본인들을 내쫓은 안용복 사건 직후인 1696년 10월, 일본은 울릉도와 독도로 건너가는 도해 면허를 취소한다고 조선 정부에 통보하며 독도가 조선 땅임을 인정했다. 1905년 이전 한국과 일본의 모든 문헌에서 독도는 단독으로 등장하는 일 없이 '울릉도의 부속 도서'로 기록되고 기억됐다.

1877년 일본 최고 권력 기관의 「태정관 지령」은 "일본해 내 다케시마와 그 외 일도는 (…) 겐로쿠 5년(1692) 조선인이 섬으로 들어간 이래 드디어 본방과 관계가 없어졌다"고 하지 않았는가? 도대체 어떻게 하면 이 글을 '울릉도는 한국 땅이지만 독도는 무인도'라는 의미로 읽을 수 있는가? 어떻게 하면 이 글을 '지금은 우리 땅이 아니지만 나중에 기회가 되면 빼앗을 수 있다'라는 의미로 읽을 수 있다는 말인가?

한국 정부에서 독도가 자국 영토임을 분명히 한 적이 없다고? 1905년 시마네현의 불법 편입보다 5년 앞선 1900년 내려진 '칙령 제41호'는 독도를 울도군수의 관할인 세 섬(울릉도·죽도·석도=독도) 중의 하나라고 이미 밝히지 않았는가?

'무주지 선점'에서 국제법상 '선점occupation'이란 나카이 같은 수산업자가 불법으로 독도에 들어와 고기잡이용 임시 막사를 짓고 어업 활동을 했다고 해서 성립되는 것이 아니다. 이것은 개인의 어업 행위일 뿐, 국가의 행정 행위가 함께하지 않으면 실효적 지배의 요건은 충족되지 않는다. 대한제국은 1902년 '칙령 제41호'의 후속 조치로 '울도군 절목'을 제정했고, 울도군수에게 부여한 과세권은 그 대상에 독도에서 나는 산물도 포함됐다. 일본인들이 독도 강치를 가져갈 때 울도군수에게 '수출세'를 냈다는 사실은 독도의 '주인'이 어느 나라인지를 명백히 설명해준다.

독도는 '무주지'가 아니라 대한제국의 영토였다.

따라서 '타국이 점유한 적 없는 무인도'라는 1905년 1월 28일의 일본 각의 결정은 근본부터 잘못된 것이었다. 유미림 박사는 이렇게 지적한다. "1905년 2월 이전부터 독도 산물에 과세권을 행사해온 대한제국과, 1906년 3월 이후부터 과세권을 행사해온 일본, 어느 쪽이 독도를 (먼저) 실효적으로 지배했는지는 재론의 여지가 없다."

결국 이것은 불법적인 영토 침탈이었다. 신용하 교수는 이렇게 말한다. "독도가 '무주지'이기 때문에 일본에 '영토 편입'한다는 1905년 1월 28일 일본 내각회의 결정은 독도가 '유주지(한국이라는 주인이 있는 땅)'이기 때문에 국제법상 전혀 성립되지 않는 것이다."

그런데 여기서 꼭 짚고 넘어가야 할 것이 있다.

'임자 없는 땅'이라서 일본이 이 무인도를 먼저 취한 것이라고? 뭔가 이상하지 않은가? 가만히 생각해보자.

지금 일본이 주장하는 '17세기 이래 일본 고유 영토론'은 그럼 어떻게 되는 것인가? '고유 영토론'과 '무주지 선점'은 전혀 앞뒤가 맞지 않는 논리 아닌가?

만약 일본 주장대로 "일본이 울릉도로 건너갈 때의 정박장이나 어채지로 독도를 이용해 늦어도 17세기 중엽에는 독도의 영유권을 확립했다"면, 어떻게 1904년 나카이라는 어부가 '량코도'라는 서양 이름으로 부르며 '이 섬을 영토로 편입해달라'고 청원할 수 있었겠는가? 정말 고유 영토였다면 왜 1905년 일본 각의에서 새삼스럽게 '주인 없는 섬으로 판단돼 영토에 편입한다'는 코미디 같은 결정을 했겠는가 말이다.

1905년의 '무주지 선점론'은 그 자체로 일본인 후손들이 내세우고 있는 '고유 영토론' 논리를 무너뜨리는 것이다.

1905년 2월 22일, 일본이 독도를 침략한 날

일본 내각회의의 결정은 그전까지 오랜 역사 속의 기록에서 '울릉도의 부속 도서'였던 독도를 하루아침에 '오키 섬의 부속 도서'로 둔갑시켰다. 그런데 국가의 영토에 관한 이 중요한 사항은 중앙 정부의 관보官報에 실어야 마땅한데도 일본은 그렇게 하지 않았다. 내무대신이 1905년 2월 15일 훈령을 통해 시마네현 지사에게 이 사실을 고시하라고 지시했고, 시마네현 지사는 현보縣報에 게재한 1905년 2월 22일 자 「다케시마 편입에 대한 시마네현 고시 제40호」에서 이렇게 밝혔다.

"북위 37도 9분 30초, 동경 131도 55분, 오키 섬으로부터의 서북쪽으로 85해리에 있는 섬을 다케시마라고 칭하고, 지금부터는 본현(시마네현) 소속 오키 도사의 소관으로 정한다."

이 고시가 나온 2월 22일을 현재 일본 시마네현에서는 '다케시마의 날'이라 부르고 있다. '침략의 날'을 기념일로 삼은 셈이다.

그런데 생각해볼 일이 있다. 당시 시마네현 현보를 본 사람이 과연 얼마나 됐을까? 고시 사실에 대한 보도조차 지방 신문인 〈산인신문山陰新聞〉 2월 24일 자에 조그맣게 실린 것이 전부였다.

島根縣告示第四十號
北緯三十七度九分三十秒東經百三十一度五十五分隱岐島ヲ距ル西北八十五浬ニ在ル島嶼
ヲ竹島ト稱シ自今本縣所屬隱岐島司ノ所管ト定メラル
明治三十八年二月二十二日
島根縣知事 松永武吉

'다케시마(독도)'의 시마네현 편입을 결정한 1905년 2월 22일 「시마네현 고시 제40호」. 현재 원본은 남아 있지 않다. (독도박물관 소장)

남의 나라 영토를 몰래 빼앗고도 그 사실을 슬그머니 숨긴 것이다. 외국 정부는 물론 외국 공관, 나아가 시마네현이 아닌 다른 지역에 사는 자국민도 이 고시告示 사실을 까맣게 모를 수밖에 없었다. "시마네현이라는 한 지자체의 공표는 국가적·대외적 의사 표시가 아니었다"는 비판이 일본에서도 나오는 이유다. 신용하 교수는 이렇게 말한다. "일본의 시마네현 '현보'에 의한 고시 방법은 매우 교활한 방법으로서, 국제법상 '무주지' 영토 편입 때의 요건인 '고시' 절차를 형식상 밟는 체하면서 실제로는 '비밀 사항'으로 두려는 방법이었다. 그러나 국제법의 '고시' 규정 목적은 관련자·관심자에게 알리는 것을 목적으로 하는바 일본의 이 시마네현 '현보' 고시 방법은 '고시'의 요건을 다 충족했다고 볼 수 없는 것이었다."

여기서 문득, 나카이가 청원서를 넣는 과정에서 내무성 관리가 했던 말을 떠올리는 독자가 있을 것이다. "외국으로 하여금 일본이 한국 병합에 야심이 있다는 의심을 키우도록 하는 것은 이익이 적은 데 비해 사태 해결은 용이하지 않다." 무릎을 칠 일이다. 그렇다. 섬을 빼앗으면서도 '한국 병합 야심'을 드러내지 않기 위해 국가 관보 대신 지방 현보에 고시하는 방법으로 침략을 은폐하려 했던 것이다. 한 가지 더 있다. 이 「시마네현 고시 제40호」 원본은 지금 남아 있지 않다. 1945년 화재로 소실됐다는 것이다. 현재 남아 있는 것은 시마네 현청에서 지방 촌 사무소로 배부한 사본뿐이다. 이 때문에 애초에 시마네현 고시문은 완료되지 못한 것이라는 말도 나온다.

이런 일본은 독도에 관한 이해관계국인 대한제국에 전혀 사전 조회를 하지 않았으며, 각의 결정 후에도 정식으로 통고하지 않았다. 이는 침략의 대상인 한국을 철저히 무시한 행위였다. 1905년 8월 시마네현 지사는 한국 모르게 독도를 '시찰'하고 귀환했다. 1906년 3월 45명으로 구성된 시찰단이 울릉도까지 가서 심흥택 군수를 만나 '독도를 편입했다'는 것을 일방적으로 통보하고 돌아갔다.

이 말을 들은 한국 정부와 관료의 반응을 보면, 그때까지 독도를 당연히 울릉도의 부속 도서로서 대한제국의 영토라고 인식했다는 것을 알 수 있다. 정말 독도가 '무주지'였고 일본인들의 주장대로 '칙령 제41호'의 '석도'가 관음도나 다른 바위섬이었다면, '독도? 그런 섬이 있었던가?', '그거 우리 땅이 아니라 무인도인데 일본인들이 점령했나보군' 정도의 반응을 보였을 것이다. 하지만 전혀 다른 반응이 나왔다.

심흥택은 "본군 소속 독도가 외양 100여 리 밖에 있는데 (…) 일본

관인官人 일행이 독도가 일본 영토가 됐다고 시찰 와서 말했다"는 내용의 보고서를 강원도관찰사 서리인 이명래李明來에게 보냈다. 심흥택이 일본인으로부터 이 사실을 통보받은 것은 3월 28일이었고, 보고서를 쓴 것은 바로 다음날인 29일이었다. 이 보고서는 한국에서 처음으로 '독도'라는 명칭이 등장하는 문서인데, 물론 1900년 '칙령 제41호'의 '석도'와 같은 표현이다. 이명래는 이 보고를 다시 서울의 의정부로 올렸다. 심흥택의 이 보고서는 1947년 신석호 고려대 교수가 울릉도청에 있던 부본副本을 찾아 논문으로 공개했다. 그후 이 자료가 유실됐는데, 1978년 송병기 교수가 우여곡절 끝에 서울대 규장각에서 이명래의 보고서에 수록된 심흥택의 보고서를 찾아냈다. 그만큼 중요한 보고서다.

이명래의 보고서에 대해 5월 3일 자로 '지령 제3호'를 내린 사람은 참정대신參政大臣 박제순朴齊純(1858~1916)이었다. 지령의 내용은 "독도가 일본 영토가 됐다는 얘기는 전적으로 사실무근이며, 앞으로 일본인의 행동을 주시해 보고하라"는 것이었다. 중앙의 의정부와 지방의 울도군 모두 '독도가 대한제국 영토'라는 사실을 재확인한 것이다. '독도가 한국 영토'라는 것은 을사오적 중 한 명인 친일파 박제순이 보기에도 명백한 사실이었다.

〈대한매일신보〉, 〈제국신문〉, 〈황성신문〉 등 당시의 언론이 모두 '일본의 독도 편입'을 보도했을 만큼 이는 한국에서 매우 충격적인 일로 받아들여졌다. 〈대한매일신보〉 1906년 5월 1일 자를 보자.

울도군수 심흥택 씨가 "일본 관원 일행이 본군에 와서, 본군에 소재하는 독도가 일본의 속지라고 하며 땅의 크기와 호구, 경지 수를 기록하여 갔다"고 내부에 보고하였다. 그런데 내부에서 지령하기를 "(일본 관원이) 유람차 와서 땅의 크기와 호구를 기록해 가는 것이 혹 이상한 일은 아닐지 모르지만, 독도가 일본 속지라 칭하여 운운하는 것은 전혀 이치에 닿지 않는 말이니, 지금 보고 받은 바가 아연실색할 일이라"고 하였다.

몸은 초야에 있었지만 당대의 사정을 훤히 꿰뚫는 정보망을 지녔던 지사志士 황현黃玹(1855~1910)도 『매천야록』에서 독도를 빼앗긴 일을 듣고 "예부터 이 섬은 울릉도에 속했는데, 일본인들이 억지를 부려 그들의 영토라 주장하며 조사해 갔다"고 통탄했으니, 여기서 당시의 나라 분위기를 읽을 수 있다. 대한제국의 관민官民 모두 이미 독도가 한국 영토라는 사실을 잘 알고 있었다는 뜻이다.

만약 '칙령 제41호'의 '석도'가 독도가 아니라 관음도였다면, 심흥택이 '독도가 일본 영토가 됐다'고 보고하지 않았을 것이고, 박제순이 그 말이 사실무근이며 일본인의 행동을 주시하라고 하지도 않았을 것이며, 〈대한매일신보〉 등 언론이 '아연실색할 일'이라는 말을 인용해 보도하지도 않았을 것이고, 황현이 『매천야록』에 그 일을 기록할 필요도 없었을 것이다. 관음도는 일본 시마네현의 편입 대상이 아니었기 때문이다. 불과 5년 전에 내린 칙령에서 관할 구역으로 정하지도 않았던

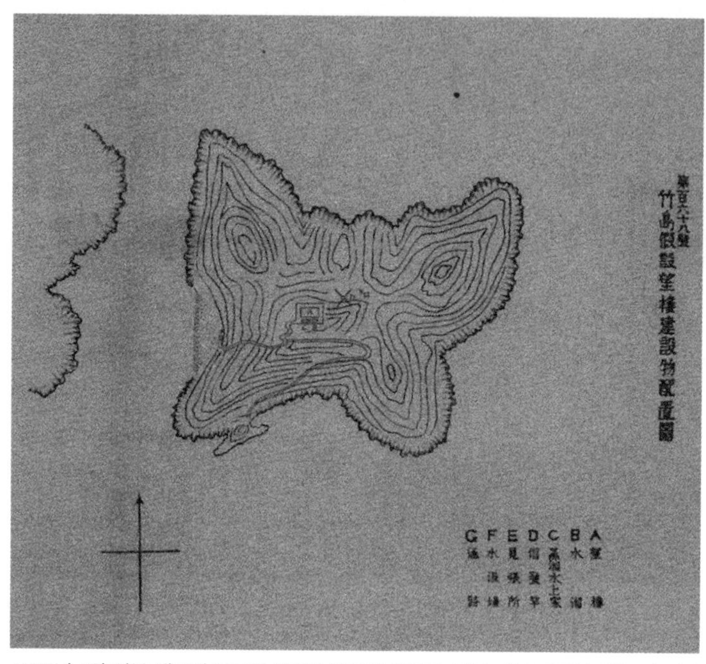

1905년 7월 일본 해군이 독도에 설치한 망루의 위치도. 일본 해군 군령부의 『극비 메이지 37, 38 해전사』에 수록돼 있다. (일본 아시아역사자료센터 소장)

섬에 대해 그런 반응을 보였다면 그것은 이해할 수 없는 호들갑일 뿐이었을 것이다.

하지만 대한제국은 일본에 항의할 수 없었다. 이미 1905년 11월 17일의 을사늑약으로 외교권을 박탈당하고 통감부가 설치된 상황에서 '타국에 항의한다'는 외교적 행위를 할 수 없었기 때문이다. 대한제국 정부가 통감부에 조회했다는 분석도 있지만, 그랬다고 하더라도 통감부에서 '닥치라'고 한마디했다면 별다른 도리가 없었을 것이다. 대한제국은 손발이 묶여 있었다.

그렇다면 이렇게 1년이 지난 뒤에야 한국에 비공식 통보를 했을 만큼 '독도 편입' 사실을 숨겼던 일본이 그 1년 남짓한 기간 동안 독도에서 한 일은 무엇이었을까? 독도의 군사기지화가 전광석화처럼 이뤄졌다. 1905년 2월 22일의 '편입' 고시 5개월 뒤인 7월 22일 일본 해군 소속 인부 38명이 독도에 상륙해 망루 착공에 들어갔다. 이 망루의 위치는 일본방위연구소가 소장한 일본 해군 군령부의 『극비極祕 메이지 37, 38 해전사』에 나타나 있다.

그러니까 일본군의 실질적인 '독도 침략'은 1905년 7월 22일에 이뤄졌던 것이다.

8월 19일에는 군인 네 명을 배치해 망루를 본격적으로 이용하기 시작했다. 망루는 지금의 독도경비대 막사 자리에 있었고, 감시 초소가 있던 곳은 지금의 독도 등대 자리였다. 같은 날 시마네현 지사 마쓰나가 다케요시松永武吉는 수행원 세 명과 함께 해군선 '교토호'에 승선하고 독도를 '시찰'했다. 훗날 그는 삼일운동 당시 조선에서 경기도 장관을 지내며 조선과 다시 악연을 맺게 된다. 1905년 11월 9일에는 독도와 시마네현의 마쓰에를 잇는 해저 케이블을 부설해 죽변-울릉도-독도-마쓰에를 잇는 군용 통신선이 완공됐다.

김관원 동북아역사재단 연구위원은 논문 「일본의 보호국화 정책과 독도 편입 배경」에서 "일본의 독도 편입은 러일전쟁이 지구전으로 변해

가고 있는 상황에서 편입의 형태를 빌려 침략한 것"이라며 "전쟁 이후에도 러시아의 남하를 방어하기 위해 군사전략적 측면에서 영속적인 안정을 꾀할 수 있는 전략적 요충지를 구축할 필요가 있었다"고 했다.

일본이 독도를 손에 넣은 뒤 러일전쟁은 일본의 승리로 기울었다. 1905년 5월 29일 러시아의 발트함대 소속 장갑순양함 드미트리 돈스코이Dmitri Donskoi호는 울릉도 부근에서 일본의 도고 헤이하치로東鄕平八郞 제독이 이끄는 순양함의 공격을 받아 선체가 크게 손상되었고, 병사들을 울릉도에 상륙시킨 뒤 스스로 침몰했다.

침몰한 돈스코이호가 엄청난 금괴를 싣고 있었다는 소문이 돌아 오래도록 세간의 관심을 끌었다. 독도수비대를 창설한 홍순칠 대장의 조부에게 러시아 함장이 청동 주전자를 선물했는데, 그 속에 금이 가득했다는 등의 소문도 있었다. 울릉도에서 독도로 가는 배 위에서 바다를 바라보며 한 번쯤 상상의 나래를 펴게끔 하는, 그야말로 독도의 역사에서 옆길로 새는 데 최고 수준의 스토리다.

그러나 현실은 '보물선'과 거리가 멀었다. 발트함대의 회계함은 돈스코이호가 아니라 대마도 부근에서 침몰한 나히모프함이었고, 1980년 일본에서 나히모프함 인양 작업을 벌인 결과 금화나 금괴는 발견되지 않았다. 일각에서 나온 '150조 원 상당의 금괴'를 정말 실었다면 배가 감당하지 못했을 거라는 분석도 있다. 울릉도 근처 보물선의 이야기는 허구에 가깝다고 봐야 한다. 하지만 돈스코이호의 선체가 여전히 저동 앞바다 밑에 있다는 것만큼은 사실이다.

두 달 뒤인 1905년 7월 일본과 미국은 일본의 한국 지배와 미국의 필리핀 지배를 서로 승인하는 가쓰라-태프트 협정을 맺었다. 다시 두 달 뒤인 1905년 9월엔 러일전쟁의 강화 조약인 포츠머스 조약에서 '러시아는 일본이 한국에서 탁월한 이익을 갖는 것을 인정한다'는 제2조를 통해 러시아 역시 일본의 한국 침략을 승인했다. 다시 두 달 뒤인 1905년 11월 17일에는 대한제국의 외교권을 박탈하는 을사늑약이 강제로 맺어졌다. 2년 뒤인 1907년에는 대한제국의 군대가 해산됐고, 다시 3년 뒤인 1910년 8월 29일에는 대한제국이라는 나라가 지구상에서 사라졌다.

'독도 편입'은 이처럼 숨가쁜 일제의 한반도 침략 선상에서 중요한 위치를 차지하고 있었던 것이다. 다시 말해 일제 침략의 중요한 연결고리 중 하나가 '독도'였으며, '편입'이 아니라 '침략'의 일환이었던 것이다. 독도는 일제의 침략에 처음으로 희생된 한국 영토였다.

그러므로 1905년 2월 22일은 '시마네현 고시의 날'이나 '다케시마의 날'이 아니라 '독도 침략의 날'로 기억해야 마땅하다.

독도 강치잡이 사업에 대한 욕심으로 이토록 엄청난 분란을 가져온 인물, 나카이 요자부로는 그후 어떻게 됐을까? 1905년 2월 오키 섬으로 돌아간 나카이는 시마네현에 강치잡이 허가를 신청했지만, 이미 독도 강치를 탐내는 사람들이 많아져 '독점'에는 끝내 실패했다. 오키 도사는 강치잡이 사업을 다른 업자들과 공동으로 하도록 권고해, 나

1939년 일본 도쿄학습사의 초중등 역사 교과서 『소학국사회도』 중 러일전쟁을 설명하는 지도의 일부. 울릉도와 독도를 조선과 같은 색깔로 표시하고 독도를 '리앙쿠르 섬(다케시마)'이라고 표기했다.

카이는 다케시마어렵합자회사의 대표로 취임했다. 다케시마어렵합자회사는 러일전쟁이 끝난 뒤 일본군이 남기고 간 독도의 망루를 불하받아 사용했다. 나카이는 1914년까지 이 자리에 있다가 장남에게 자리를 물려주고 은퇴했다. 앞에서 언급했듯 바로 이 회사가 강치의 씨를 말린 남획의 주범이었다. 나카이는 1934년 70세의 나이로 죽었는데 당시로서는 장수한 편이었다. 그래도 독도가 한국 땅이었다는 사실을 알고 있었음을 실토하는 기록을 남겼다.

이렇게 일본은 1905년 완벽하게 독도 침략에 성공한 것처럼 보였다. 하지만 정말 그랬을까? 누가 알았겠는가. 그들도 미처 생각하지 못했을 큰 허점이 있었다.

그것은 소위 '독도 편입' 자체가 하도 비밀스럽고 매우 불확실했으며 독도 편입 5년 뒤에 한일 강제 병합이 이뤄진 탓에, 많은 일본인과 심지어 일본 정부조차도 계속 '독도가 한국 땅'이라는 인식을 지니고 있었다는 사실이다.

예를 들어 수집가 변규창 씨가 2013년 공개한 1908년 오사카 출간 〈대자명세大字明細 제국이정전도帝國里程全圖〉는 한반도 오른쪽에 다케시마(울릉도)와 마쓰시마(독도)를 그렸지만, 정작 일본 영토를 그린 지도에서는 어디에도 두 섬을 표기하지 않았다.

1936년 일본 육군 참모본부 육지측량부가 일본 제국의 지배 영토를 원래 구역별로 나눠 표시한 〈지도구역일람도〉를 발행했을 때, 독도는 울릉도와 함께 '조선 구역'에 표시됐다. 신용하 교수는 이 지도가 1945년 일제 패망 후 연합국 최고사령부가 일본 제국을 해체해 병탄된 영토를 원주인에게 돌려주며 독도를 한국에 반환할 때 중요한 근거 자료 중 하나로 사용됐다고 보고 있다.

허종화 경상대 명예교수가 입수한 1939년 일본 도쿄학습사東京學習社의 초중등 역사 교과서 『소학국사회도小學國史繪圖』는 러일전쟁을 설명하는 지도에서 울릉도와 독도를 조선과 같은 색깔로 표시하고 독도를 '리앙쿠르 섬(다케시마)'이라고 표기했다. 이 책은 1928년에 처음 발간됐다. 최소 11년 동안 일본 정부가 학생들에게 그렇게 가르친 셈이다.

정작 '고시'를 발표했다는 시마네현도 이 문제에 대해 정신없기는 마찬가지였다. 이상태 한국영토학회장이 분석한 결과, 1905년 2월의 불법 편입 전후前後 10년 동안 시마네현의 어느 지도에서도 독도를 자기 현에 속한 것으로 표시하지 않은 것으로 나타났다. 1895년과 1899년 지도는 물론, 1908년, 1912년의 지도에도 독도는 없었다. 자국 영토라는 확신을 지니지 못했던 것이다.

제3장

대한민국, 독도를 되찾다

카이로 선언과 독도의 '반환'

제2차세계대전이 연합군의 승리로 기울어가던 1943년 11월, 이집트의 카이로에 연합국의 정상 세 사람이 모였다. 프랭클린 루스벨트 미국 대통령, 윈스턴 처칠 영국 총리, 장제스蔣介石 중국 총통이었다. 이 회담은 전후戰後 처리를 논의하는 자리였다. 11월 27일, 이들은 '카이로 선언'을 발표했다. 우리는 한국의 미래에 대해 언급한 이 선언문의 특별 조항에 유의해야 한다.

"현재 한국민이 노예 상태에 놓여 있음을 유의해 적당한 시기와 절차를 밟아 한국을 자유 독립 국가로 할 결의를 다진다."

우리는 종종 이렇게 푸념하는 말을 듣는다. '일제 35년 동안 아무리 독립운동을 열심히 했다 한들 무슨 소용이 있었나? 결국 우리를 독립하게 해준 것은 일본과 싸운 미국이나 다른 연합국 아니었나?'

하지만 이 말은 틀렸다. 만약 조선이 일제의 강점에 만족하고 안주했다면, 오키나와沖繩처럼 독립 대신 일본의 일부가 되기를 원했다면, 허울좋은 자치론 같은 것에 매몰됐다면, 카이로 선언의 이 특별 조항은 나오지 않았을 것이다. 일본이 패망한 뒤에도, 이미 오래전인 1910년에 일본에 병합된 한국은 여전히 일본의 일부로 인식될 수도 있었을 것이란 얘기다.

이 조항은 끊임없는 투쟁과 저항을 통해 "우리는 독립을 원한다"는 메시지를 세계에 던진 선열들의 피에 대한 보답이자 그들이 쟁취해낸 열매였다. 그 결과, 한국은 제2차세계대전 이후 유일한 '패전국의 과거 식민지'로서 독립을 달성할 수 있었다.

카이로 선언은 또한 "일본이 폭력 및 탐욕에 의해 탈취한 모든 지역으로부터 일본 세력을 축출한다"고 했다. 1894년 청일전쟁 종전 후 일본이 탈취한 모든 영토를 그 이전의 상태로 원상 복구하는 것이 원칙이었다. 그렇다면 일본이 대한제국으로부터 1905년에 탈취한 섬, 독도는? 카이로 선언은 이미 '일본이 독도를 한국에 반환해야 한다'는 것을 내포하고 있었다.

카이로 선언은 1945년 7월 26일 발표된 포츠담 선언의 제8항 "카이로 선언의 각 항은 실행돼야 한다"는 내용에 포함됐다. 일본의 주권은 혼슈本州, 홋카이도北海道, 규슈九州, 시코쿠四國 네 섬과 연합국이 결정할 '작은 섬들minor islands'에 국한된다고 했다. 문제는 일본의 '작은 섬들'이 어느 곳인지를 연합국이 결정한다는 포츠담 선언의 내용이었다. 일본은 8월 9일 포츠담 선언을 수락했고, 8월 15일 항복을 선언했다. 일본의 패망은 공식화됐으며, 한국은 광복을 맞았다.

그런데 1910년 대한제국 멸망 이전에 빼앗긴 섬, 독도는 과연 어떻게 된 것인가?

대한민국 정부의 공식 입장은 "카이로 선언에 따라 한국 고유의 영토인 독도는 대한민국의 영유권에 속하게 됐다"는 것이었다.

과연 연합국도 여기에 동의했는가?

1945년 9월 2일, 일본은 항복 문서에 조인했다. 이때 도쿄에 설치된 것이 GHQ다. 약칭만 보면 마치 치킨집 이름 같은 이 기관의 정식 명칭은 '연합국 최고사령부General Headquarters Supreme Commander for the Allied Powers'다. 우리는 독도의 역사에서 GHQ의 역할을 반드시 기억해야 한다. GHQ는 포츠담 선언에 나왔던 '작은 섬들'이 어디인지 구분하는 작업을 수행했다.

몇 달에 걸친 조사 끝에 1946년 1월 29일 나온 것이 흔히 '스캐핀 677'로 불리는 문서, 「연합국 최고사령부 지령SCAPIN: Supreme Commander for the Allied Powers Instruction 677호」였다. 지령 3조 '일본의 정의the definition of Japan'의 내용은 이렇다.

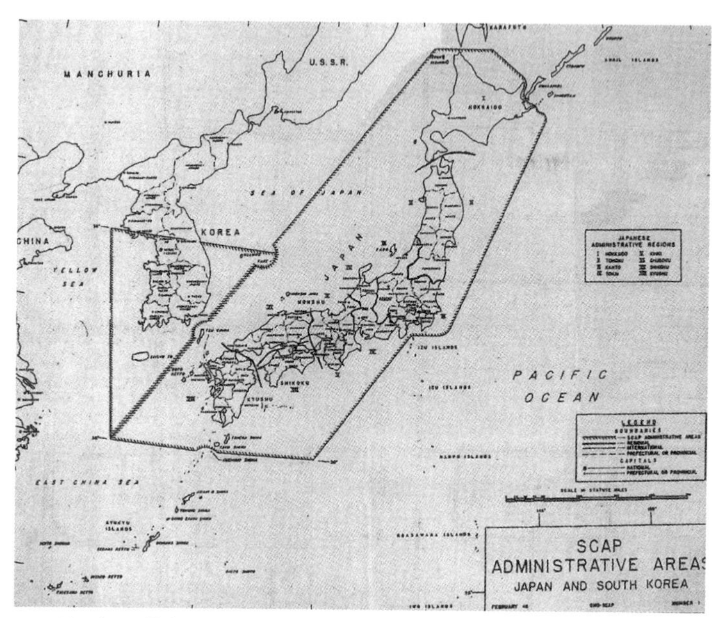

1946년 1월 29일 '연합국 최고사령부 지령SCAPIN 677호'에 부속된 일본 및 남한의 행정 관할 구역 지도. 독도를 남한의 관할 구역으로 표시했다. 독도 인근을 확대한 지도(169쪽)에서 독도를 'TAKE'란 이름으로 한국에 포함했음을 알 수 있다. (독도박물관 소장)

이 지령의 목적을 위해 일본은 일본의 네 개 본도(홋카이도, 혼슈, 규슈, 시코쿠)와 약 1000개의 더 작은 인접 섬들을 포함한다고 정의된다. 포함되는 것은 대마도 및 북위 30도 이북의 류큐(남서) 제도다. 그리고 제외되는 것은 ①울릉도, 리앙쿠르 암Liancourt Rocks(독도), 제주도 ②북위 30도 이남의 류큐 제도 (…) ③쿠릴 열도 (…).

1번에서 '울릉도', '독도', '제주도'가 일본 영토에서 제외된다고 밝힌 것은, 1번에 해당하는 섬이 일본에서 분리돼 한국에 반환된다는 의미임이 명백하다. 그런 의미가 아니라면 '리앙쿠르 암', 즉 독도는 다른 번호에 들어 있어야 했을 것이

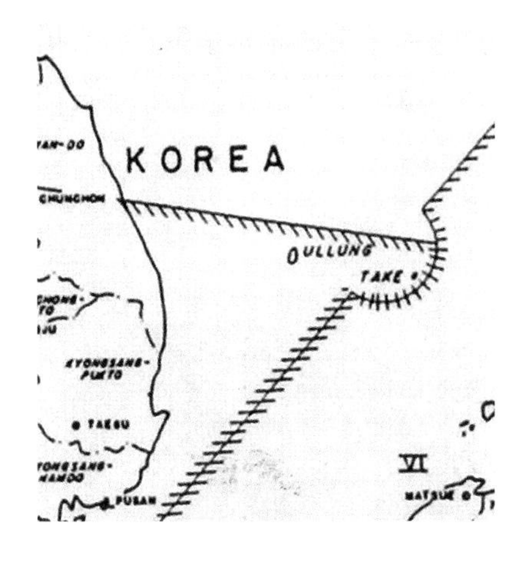

다. 이 지령에 부속된 지도는 한국과 일본의 행정 관할 구역에서 동해상의 직선 경계선에 반원 형태로, 동쪽으로 움푹 파인 곳에 독도를 놓았다.

신용하 교수 등 한국 학자들은 여기서 "연합국 최고사령부가 독도를 원주인인 한국(당시 미군정)에 반환해 한국 영토로 결정한 것은 국제법상 효력을 갖는 것"이라고 본다. 한국의 독도 영유는 1946년 1월 29일 연합국에 의해 국제법상 합법적인 것으로 재확인됐다는 것이다.

그러나 일본은 「SCAPIN 677호」가 독도를 한국에 반환한 문서가 아니라고 주장한다. 지령의 6조가 이 지령 자체의 한계를 설정하고 있기 때문이다. "이 지령의 어떠한 규정도 포츠담 선언 제8항에 기술된 '작은 섬들'의 최종적 결정에 관한 연합국의 정책을 나타내는 것이라고 해석돼선 안 된다"는 것이다. 일본의 주장대로라면 이 지령은 임시 조

치일 뿐이라는 얘기다.

그러나 이에 대한 한국측의 반박은 "그것은 향후 수정 가능성이 있다는 의미일 뿐"이라는 것이었다. 최종 결정이 이 지령과 다르게 나오기 위해서는 지령을 수정해야 하는데, 지령의 5조는 "이 조항에 포함된 '일본의 정의'(3조)는 그에 관해 다른 특정한 지령이 없는 한 본 연합국 최고사령부에서 발하는 다른 모든 지령, 각서, 명령에 적용된다"는 것이었다. 그러니까 「SCAPIN 677호」의 3조에 수정을 가할 때는 연합국 최고사령부가 다른 번호의 '스캐핀' 지령을 발해서 '리앙쿠르 암을 다시 일본 영토로 한다'고 명시해야 했다는 것이다.

그러니까, GHQ가 그런 '수정'을 한 적이 있었나?

없다.

1952년 해체될 때까지 연합국 최고사령부는 '독도를 일본 영토에 귀속시킨다'는 내용의 지령으로 「SCAPIN 677호」를 뒤집은 적이 한 번도 없었다.

독도의 귀속과 관련된 '스캐핀' 지령이 한 번 더 나온 적은 있다. 1946년 6월 22일 발령된 「SCAPIN 1033호」였다. 이 지령 제3조에선 일명 '맥아더 라인'이라고 불리는 '일본인의 어업 및 포경업의 허가 구역'을 설정했다.

> 일본인의 선박 및 승무원은 금후 북위 37도 15분, 동경 131도 55분에 있는 리앙쿠르 암의 12해리 이내에 접근하지 못하며, 또한 같은

섬에 어떠한 접근도 하지 못한다.

이는 독도는 일본이 아니라 한국의 미군정 관할 구역이라는 의미이며, 일본 어민들은 예전처럼 그곳에서 고기잡이할 생각은 꿈도 꾸지 말라는 의미다. 1948년 8월 15일 수립된 대한민국 정부가 이렇게 설정된 미군정의 영역을 그대로 계승했음은 당연하다. 하지만 이 두 '스캐핀' 때문에 독도가 비로소 일본 땅을 벗어났다고 봐서는 안 된다. 1945년 8월 일본의 패망과 함께 독도는 본토인 한반도 및 부속도서와 함께 한국의 영유권 내에 귀속된 것이며, 「SCAPIN 677호」와 「SCAPIN 1033호」는 이 같은 상황에서 '독도는 일본 영토가 아니라 한국 영토'라는 연합국측의 인식을 확인한 것으로 해석해야 한다.

실제로 한국은 1948년 8월 15일 정부 수립과 함께 독도에 '경상북도 울릉군 남면 도동 1번지'라는 주소를 부여하고 주권을 행사했다. 이에 대해 연합국도, 일본도 아무런 이의 제기를 하지 않았다.

일본의 역공 선전과 미국의 '일본 편들기'

2019년 8월 25, 26일 한국군이 실시했던 독도 방어 훈련에 대해 미국 국무부는 이런 논평을 냈다. "리앙쿠르 암에서 군사 훈련의 시기와 메시지, 증가한 규모는 (한국과 일본 간에) 진행중인 사안들을 해결하는

데 생산적이지 않다."

여기서 우리 눈에 아주 거슬리는 지명이 하나 등장한다. 바로 '리앙쿠르 암'이다.

미국은 여전히 독도를 한국과 일본 중 어느 쪽의 영토라고 인정하지 않는 자세를 취하고 있다. 공식적으로는 중립인 것처럼 보이지만, 독도의 현대사를 가만히 들여다보면 은근히 일본 편을 들거나 일본의 선전에 넘어가는 듯 보이는 모습을 여러 차례 드러냈다.

여기서 '일본의 선전'이란 무엇인지 그 실체를 들여다볼 필요가 있다.

2010년 정병준 이화여대 교수가 펴낸 『독도 1947』에서는 연합국 최고사령부의 「SCAPIN 677호」가 나온 뒤 일본 외무성이 1947년 6월 낸 팸플릿 「일본 본토에 인접한 작은 섬들Minor Islands Adjacent to Japan Proper」을 소개했다. 정 교수가 미국 국립문서보관소NARA에서 찾아낸 자료다. 도쿄의 연합국 최고사령부는 물론 미국을 비롯한 연합국에 대량 배포했던 이 팸플릿의 일본어 제목은 '일본의 부속 소도付屬小島'였다. 연합국과의 강화 조약에 대비하고 있던 일본은 「SCAPIN 677호」 같은 연합국 최고사령부의 조치에 당혹해하며, 일본의 영토가 축소되지 않도록 '일본의 부속 도서'를 과장하려 했다는 것이다.

우리가 주목해야 할 부분은 이 팸플릿의 4부다. 이쯤 되면 '아, 여전히 독도가 일본 영토라고 선전하는 내용이겠구나' 생각하겠지만, 일본이 자국 영토라고 이 문건에서 주장했던 것은 독도뿐이 아니었다.

울릉도와 독도였던 것이다.

한국인이라면 이 대목에서 경악을 금치 못해야 정상이다.

앞에서 설명했듯, 일본 스스로 1905년 '다케시마 편입'의 논리로 삼았던 '무주지 선점'과도 앞뒤가 맞지 않는 일본측의 '17세기 고유 영토론'의 논거를 그대로 따라가다보면 '독도뿐 아니라 울릉도도 일본 땅'이라는 숨겨진 논리와 만나게 된다. 그런데 제2차세계대전 직후 일본은 자국 영토에 독도는 물론 울릉도까지 포함하려는 야욕을 숨기지 않았던 것이다. 여기서 우리는 '일본은 왜 독도라는 작은 섬 하나에 그토록 집착하는가'라는 의문을 풀 수 있게 된다.

일본이 정말 노리는 것은 울릉도였던 것이다.

팸플릿에서 어떤 말을 하고 있는지 좀더 들여다보자. "한국 정부(조선왕조)는 1400년대 이래로 오랫동안 이 섬에 대한 공도空島 정책을 고집해왔다. 이렇게 됨으로써 이 섬이 한국 정부에 의해 실질적으로 포기되자, 일본인 상당수가 이 섬에 무상출입을 계속했으며, 1592년 도요토미 히데요시의 한국 원정(임진왜란을 일본측에서 표현하는 말)은 이 지역에서 일본인 활동을 급증케 했고, 그후 약 1세기 동안 이 섬은 모든 면에서 일본 어업기지로 남아 있었다."

나중에 일본 스스로 철회한 1618년의 '도해 면허'가 아니라 그 이전인 1592년의 임진왜란까지 '일본의 울릉도 역사'를 끌어올린 것이다. 명백한 침략을 영유권의 근거로 삼는 것에 대해 아연실색할 수밖에 없는데, 울릉도의 '산업' 항목에서는 "주민 대부분은 기껏해야 수십 년

전에 입도한 사람들"이라고 폄훼하기까지 했다.

독도에 대해서는 뭐라고 했나? "다즐레Dagelet(울릉도)는 한국 명칭이 있으나 리앙쿠르 암(독도)은 한국 명칭이 없으며, 한국에서 제작된 지도에 (독도가) 나타나지 않는다는 점에 주목해야 한다." '독도의 한국 명칭이 없다', '한국 지도에 독도가 나타나지 않는다' 역시 명백한 거짓말이었다.

다량으로 배포된 이 악성 팸플릿의 영향은 생각보다 훨씬 컸고, 한동안 미국의 판단을 흐리게 했다. 아직 정부가 서지도 않은 한국측은 이 문제에 관해 연합국측에 홍보할 역량도 부족했을뿐더러, 아직 한국 내 독도에 대한 연구도 일천한 상황이었다. 미국측이 더 가깝고 그럴듯하게 느낀 것은 일본측의 선전이었다. 하지만 영국·호주·뉴질랜드 등 다른 연합국들은 일본의 선전에 넘어가지 않았고, 미국 내에서도 독도는 한국 영토라는 지적이 잇달아 나오는 바람에 결국 미국은 중립적 입장으로 돌아섰다.

문제는 '한동안 판단이 흐려졌던' 미국에서 어떤 문건이 나왔느냐는 것이다.

대표적인 것이 일본측이 내세우기 좋아하는 「러스크 서한」이다. 이영훈 교수가 "등골이 서늘할 정도로 정확한 대답"이라고 했지만, 이것은 등골이 서늘할지는 몰라도 사실과 다른 부정확한 내용으로 점철됐을 뿐인 문서다.

1951년 7월 19일, 한국 정부는 주미 한국대사 양유찬梁裕燦

(1897~1975)을 통해 샌프란시스코 대일 강화 조약에서 독도 등에 대한 한국의 영유권을 명기해달라고 미 국무성에 요청했다. 한국이 원한 것은 "일본은 한국과 제주도, 거문도, 울릉도, 독도, 그리고 파랑도를 포함해 일본이 한국을 합병하기 전 한국의 일부였던 도서에 대한 모든 권리, 권원, 그리고 청구권을 1945년 8월 9일 자로 포기했다는 것에 동의한다"는 내용이었다.

그런데 미 국무성은 이 요청 앞에서 당혹해했다. 제주도·거문도·울릉도가 어딘지는 알고 있었으나 '독도'와 '파랑도'에 대해서는 알지 못했기 때문이다. '독도'라는 한국 지명은 처음 들어봤을 것이고, 마라도 남서쪽 149킬로미터에 있는 수중 암초로 지금은 '이어도'라 부르는 파랑도에 대해서는 아무런 정보가 없었던 것이다. 국무성은 주미 한국대사관에 "독도와 파랑도가 어디냐"고 문의했다. 그런데 아무리 정부가 수립된 지 3년밖에 안 된 신생국이고 한국전쟁중이어서 정보를 얻기 부족한 상황이었다 해도, 한국대사관 공무원들의 답변은 절로 한숨이 나오는 수준이었다. "독도는 울릉도, 혹은 다케시마 가까이 있는 섬이라고 생각한다. 파랑도도 아마 그럴 것이다."

이런 자들이 국록을 먹고 있었다. 과연 지금은 얼마나 달라졌을까?

당시 미국 국무장관은 아시아 방위선에서 한국을 제외해 한국전쟁의 원인 중 하나를 제공했다는 평가를 받은 '애치슨 라인'으로 잘 알려진 인물, 딘 애치슨Dean Acheson(1893~1971)이었다. 그는 연합국 회의에서 이렇게 보고했다. "한국 정부가 요청한 독도와 파랑도에 대해 아직 결론이 나지 않았지만 시간이 없어 대일 강화 조약에 기록하기는 어려울 것으로 보인다." 애치슨은 존 무초John Joseph Muccio(1900~1989) 주한 미국대사에게 알아봐달라고 했고, 무초의 답변으로 비로소 미 국무성은 '독도'라는 섬의 정체를 알게 됐다. "아하, 그게 바로 리앙쿠르 암이었구나!"

미 국무성은 극동 담당 국무차관보 데이비드 딘 러스크David Dean Rusk(1909~1994)에게 서한을 줘 한국대사관으로 보내게 했다. 이것이 이른바 「러스크 서한」이다. 이 서한의 독도 관련 내용은 이러했다. "독도 또는 다케시마 내지 리앙쿠르 암으로 알려진 섬에 관하여: 통상 무인無人인 이 바위섬은 우리의 정보에 의하면 조선의 일부로 취급된 적이 결코 없으며 1905년부터 일본의 시마네현 오키 섬 지청의 관할에 있었다. 이 섬은 일찍이 조선에 의해 영유권 주장이 이뤄졌다고는 볼 수 없다."

'등골이 서늘할 정도로 정확한 대답'이 아니라 "등골이 서늘할 정도로 정확하게 일본의 주장을 그대로 '복붙'한 대답"이다. 1947년 일본 팸플릿 「일본 본토에 인접한 작은 섬」의 내용이 서한에 그대로 반영되었던 것이다. 국력이 미약해 국제 홍보에 서툴렀던 결과가 어떠했는지를 그야말로 등골이 서늘하게 보여주는 예다.

일본측의 주장은 '「러스크 서한」으로 독도는 일본 영토로 남았다'는 것이지만, 천만에! 이것은 미국 국무성의 단독 의견이었을 뿐, 대일 강화 조약의 주체인 연합국 전체의 의견이 아니었고, 한국이 이 서한을 수용하지도 않았기 때문에 아무런 법적 효력이 없다. 게다가 이것은 미 국무성이 한국대사관에만 보낸 일종의 비밀문서일 뿐이었다.

당시 독도 문제에 대해 미 국무성이 면밀하게 연구하고 검토했을 리도 없다. 애치슨 장관이 '검토할 시간이 없다'고 실토하지 않았는가? 그들이 급하게 입수할 수 있었던 것은 1947년 일본이 만든 팸플릿과 그 문서에 영향을 받은 미국측 자료가 전부였다. 훗날 국무장관이 된 러스크는 1962년 한국 중앙정보부장 김종필과 회담하던 중 전혀 모르는 지명이라는 듯 "독도는 어떤 섬인가?"라고 질문한 뒤 "일본측에 폭파해버리자는 제안을 했다"는 말을 듣고 "나도 그런 생각을 했다"고 털어놓는다. 러스크와 당시 미 국무부 요인들의 독도에 대한 지식은 이렇게 일천했다. 서한 중 '우리의 정보에 따르면'이란 문구가 삽입된 것은 '우리가 가진 정보가 제한적일 수 있다'는 의미를 스스로 전제한 것이다.

1953년 미국에서는 「러스크 서한」을 공개하자는 의견이 있었지만, 국무장관 존 덜레스John Foster Dulles(1888~1959)는 "독도 영유권 문제에 미국이 개입해서는 안 된다. 「러스크 서한」을 일본에 전달하는 것도 고려하고 있으나, 이것은 샌프란시스코 강화 조약 서명국 중 한 개국의 입장일 뿐"이라고 밝혔다. 호사카 유지 교수는 "일본이 효력 없는 「러스크 서한」을 집요하게 거론하는 이유는 미국의 입장을 전 세계의 입장으로 착각하기 쉬운 사람들의 심리를 이용한 고도의 왜곡이자 심리 작전"이라고 말한다.

일본측이 신호하는 또하나의 자료가 역시 이런 분위기의 산물인

「밴 플리트Van Fleet 보고서」다. 한국전쟁 당시 미8군 및 유엔군 사령관을 지낸 제임스 밴 플리트James Alward Van Fleet(1892~1992)가 1954년 동아시아 특사로 활동하고 귀국한 뒤 낸 보고서인데, 그중에 이런 내용이 있다. "(독도는) 사실 불모의 거주지 없는 바위의 집합체일 뿐이다. 일본과의 평화 조약 초안이 작성됐을 때 한국은 독도 영유권을 주장했지만 합중국은 그 섬이 일본의 주권 아래 남는다는 결론을 내렸고 그 섬은 일본이 평화 조약상 포기한 섬에 포함되지 않았다. 이 섬에 대한 합중국의 입장은 한국에 비밀리에 통보됐지만 우리의 입장은 아직 공표된 바가 없다." 내용 자체가 「러스크 서한」의 요약 반복인데다, 「러스크 서한」이 비밀리에 한국을 압박한 문서일 뿐이라는 것, 그리고 이런 작은 섬이 국제적 분쟁 요인이 되는 것 자체가 성가시다는 감정을 드러내고 있다.

결국 「러스크 서한」과 「밴 플리트 보고서」는 당시 일본의 선전에 설득된 미국측의 독도에 대한 속내를 보여주는 것일 뿐, 독도가 일본 영토라는 효력을 전혀 지니지 못한 문서들이다.

미군의 독도 폭격과 사후 조치

그런데 「러스크 서한」이 나왔을 당시 미 국무성의 판단은 과연 미국의 공식 입장이었는가? 이것 또한 의문이다. 1945년부터 3년 동안 삼팔선 이남의 한반도를 통치했던 미군정의 입장은 분명 '독도는 한국의 영토'라는 것이었기 때문이다.

한국전쟁을 전후해 미군은 두 차례 독도를 폭격했다. 첫번째는 1948년 6월 8일, 오키나와에 주둔한 미 극동항공대사령부 소속 전투기의 폭격이었다. 울릉도와 강원도에서 와 미역 등을 채취하던 한국 어민 14명이 사망하고 어선 23척이 침몰한 큰 사고였다. 도쿄의 연합국 최고사령부가 1947년 9월 16일 자로 낸 「SCAPIN 1778호」에서 독도를 주일 미 공군의 폭격 연습지로 지정한 사실을 한국 어민들이 모르고 있었기 때문에 일어난 사고였는데, '미군에 의한 대규모 민간인 학살'이라는 평가가 있을 만큼의 참극이었다. 대한민국 정부가 수립되기 불과 2개월 전의 일이었다. 물론 이 지령은 주일미군의 연습지를 지정한 것이기 때문에 '독도를 일본에서 제외한다'는 「SCAPIN 677호」와 충돌하지는 않았다. 독도에서는 '맥아더 라인'에 의해 원칙적으로 일본 어민의 출어가 금지돼 있었다.

그런데 이때 미군정이 취한 태도를 잘 살펴보면 그들이 독도를 어떻게 인식하고 있었는지가 드러난다. 주한 미 육군사령관 윌리엄 딘 William F. Dean 소장은 1948년 6월 24일 자로 극동최고사령관에게 「리앙쿠르 암(독도) 폭탄 투하」라는 공문서(MGOCG 684)를 발송했다. 그 내용은 한국에 대해 잘 모르거나 무심한 국무부 관리가 독도를 대하는 자세와는 확연히 달랐다.

1. 이 문서에 의해 약 북위 37도 15분, 동경 131도 50분에 위치한 다케시마 혹은 리앙쿠르 암의 10해리 동쪽 지점에서 정남북으로 흐르는 가상선의 서쪽 남한의 해안에 폭탄 투하 중지를 요청한다.

3. 리앙쿠르 암 근처의 수역은 한국 어부들이 이용할 수 있는 가장 좋은 고기잡이 지역에 해당한다. 그 수역은 확실히 세계에서 가장 좋은 품질의 오징어 어장으로 언급되고 있다. 1947년 기간 중 그 지역은 11,000m/t의 오징어를 생산해냈다. 덧붙여 1947년 동안에 이 수역에서 11,550m/t의 다양한 어류가 잡혔다. 이 수역은 정어리 새끼잡이로 유명한 장소다. 다양한 물고기떼들이 돌아올 때 한국 어부들은 그 수역을 이용해야만 한다.

미국인들이 잘 모르는 지명이기 때문에 '독도'라는 말을 쓰지는 않았지만, 독도로부터 10해리 '동쪽' 지점에서 남북으로 흐르는 가상선의 서쪽 해안은 '남한의 영역'이라는 것이 이 문서에서 확실해진다. 이것은 육군사령관의 독단적인 의견일 뿐이었을까? 그렇지 않았다. 공문을 접수한 미군정사령관 존 하지John Reed Hodge(1893~1963) 육군중장은 이렇게 부기했다.

위 공문서에 포함된 요청에 동의한다. 이 지역을 한국인 어부들이 이용하는 것은 매우 바람직한 일이다.

'독도가 일본이 반환해야 하는 영토에 포함되지 않는다'는 의견이었으면 이런 반응이 나올 수 없었을 것이다. 미군 당국은 독도에 대한 폭격 연습을 일체 중지하겠다고 발표했다. 1950년 6월 8일에는 독도에 위령비가 세워졌다. 이 위령비는 그후 소실됐으나, 경상북도는 2005년 8월 독도 동도 몽돌해안 위쪽에 위령비를 복원 건립했다.

비슷한 일이 1952년에 또 일어났다. 이미 1951년 7월 6일 연합국 최고사령부 지령 「SCAPIN 2160호」 등에 의해 독도는 미군의 폭격 연습지로 다시 지정됐다. 1952년 9월 15일 오전 11시 무렵, 울릉도 통조림 공장 소속선 광영호를 탄 해녀 14명과 선원 등 23명이 소라와 전복 등을 채취하고 있었다. 그런데 갑자기 미군 비행기 한 대가 나타나 서도를 한 바퀴 돌면서 폭탄 네 발을 투척했다. 9월 22일, 한국산악회의 울릉도·독도 학술조사단이 독도 조사를 시도했을 때도 미군 비행기의 폭격이 있었다. 울릉도로 돌아간 조사단은 해군 당국의 협조를 얻어 24일 다시 독도에 접근했으나 역시 미군의 폭격 때문에 상륙에 실패했다.

당시 미군이 독도를 폭격 연습장으로 삼았던 것이 일본 정부의 공작이었다는 의혹도 있다. 1952년 5월 23일 일본 제13회 중의원 외무위원회에서 야마모토 도시나가山本利壽 의원이 질문했다. "이번 일본 주둔군 연습지 설정에서 다케시마(독도) 주변이 연습지로 지정되면 이를 일본의 영토로 확인받기 쉽다는 발상에서 외무성이 연습지 지정을 오히려 바란다는 얘기가 있는데 사실인가?" 이시하라 간이치로石原幹市郎 외무성 정무차관의 대답은 놀라웠다. "대체로 그런 발상에서 다양하게 추진하고 있다." 독도가 주한미군이 아니라 주일미군의 연습지가 되면 일본 영토로 인정받을 수 있다는 꼼수에서 로비를 벌였던 것이다.

한국산악회 조사단의 전언을 들은 한국 정부는 폭격 사건이 재발하지 않도록 주한 미국대사관에 항의했다. 1952년 12월 4일, 주한 미국대사관은 독도를 폭격 연습지로 사용하는 일이 향후 없을 것이라는 취지로 회신했다. 1953년 1월 20일, 주한 유엔군 연락기지사령부로부터 유엔군 사령관이 독도를 폭격 연습 기지로 사용하는 것을 즉각 중지하는 데 필요한 조치를 취하도록 예하 부대에 지시했다는 보고가 있었다.

1953년 2월에는 독도를 폭격 연습지로 사용하지 않겠다는 미군의 최종 결정이 내려졌다. 일본측은 이것이 한국의 항의 때문이 아니라 '어업에 피해를 입은 시마네현측의 항의 때문'이라 주장하지만, 1953년 2월 7일 미 공군사령관은 '연습장에서 독도를 제외한다'는 결정을 한국 정부에 공식 통고했다. '일본'이 아니라 '한국'이었다. 이미 유엔군 사령부와 미 공군은 1951년 독도 상공을 한국의 공역空域으로 삼고 일본 방공식별구역JADIZ이 아닌 한국 방공식별구역KADIZ 내에 포함하는 조치를 취했다. 「러스크 서한」이 보여주는 미 국무부의 생각과는 달리, 미군은 독도의 영유권이 현실적으로 어느 나라에 있는지 제대로 판단

朝鮮日報

서울 구름조금 -5~3℃ ▶상보 A15면

1920년 3월 5일 창간

chosun.com

"독도, 일본 섬 아니다" 日법령 발견

1951년 식민지 재산정리 관련… '부속도서 이외의 섬' 명기

"올해 비상경제정

李대통령 신년 국정연설… "국정쇄신 계속"

즐시가 살아야 나라가 산다!

일본이 1951년 독도를 자국 영토에서 제외한 '총리 부령 24호'와 '대장성령 4호'의 존재를 보도한 2009년 1월 3일 자 〈조선일보〉 1면.

했던 것이다.

1951년 일본 법령 "독도는 우리 땅 아니다"

2009년 1월 3일, 새로운 일본측 자료가 공개됐다. 필자가 이날 자 〈조선일보〉 A1면 머리기사 '"독도, 일본 섬 아니다" 日법령 발견'이란 제목으로 특종 보도한 이 기사의 내용을 먼저 보자.

독도를 자국 영토라고 주장하는 일본이 1951년에 공포한 법령에서 독도를 '일본의 부속 도서'에서 제외했다는 사실이 밝혀졌다.
우리 정부 국무총리실의 감독을 받는 정부 출연 연구기관인 한국해양수산개발원(원장 강종희)은 ▲1951년 6월 6일 공포된 '총리 부령府令 24호'와 ▲1951년 2월 13일 공포된 '대장성령大藏省令 4호' 등 두 개의 일본 법령을 찾아냈다고 2일 밝혔다. 한국해양수산개발원은 지난 12월 31일 이 법령의 내용에 대해 청와대에 서면으로 보고했다.
'총리 부령 24호'는 일본이 옛 조선총독부의 소유 재산을 정리하는 과정에서 '과거 식민지였던 섬'과 '현재 일본의 섬'을 구분하는 내용을 담고 있다. 이 부령의 제2조에서는 '정령政令 291호 2조 1항 2호의 규정을 준용하는 경우에는 아래 열거한 도서 이외의 도서를 말한다'고 쓴 뒤 제외하는 섬에서 '울릉도, 독도 및 제주도'를 명기했다.
여기서 언급된 '정령 291호'는 1949년 일본 내각이 제정한 것으로 '구일본 점령 지역에 본점을 둔 회사가 소유한 일본 안에 있는 재산 정리에 관한 정령'이다. 용어의 정의定義를 다룬 2조의 1항 2호에는 '본방本邦(일본 땅)은 혼슈本州, 홋카이도北海道, 시코쿠四國, 규슈九州와 주무성령主務省令이 정한 부속 도서를 말한다'고 했다.
'총리 부령 24호'보다 앞서 공포된 '대장성령 4호'는 '공제조합 등에서 연금을 받는 자를 위한 특별조치법 4조 3항 규정에 기초한 부속 도서는 아래 열거한 도서 이외의 섬을 말한다'며 '울릉도, 독도 및 제주도'를 부속 도서에서 제외되는 섬들로 명기했다.

1950년의 특별조치법 4조 3항은 '연금을 지급해야 하는 자는 호적법 규정의 적용을 받는 자로서 본방(혼슈, 시코쿠, 규슈와 홋카이도 및 재무성령으로 정한 부속 도서, 이오토리 섬과 이헤야 섬 및 북위 27도 14초 이남의 난세이 제도를 포함함. 이하 같음.) 안에 주소나 거주지가 있는 자에 한한다'고 했다.

한국해양수산개발원 독도·해양영토연구센터의 유미림 책임연구원은 "일본에서 한일회담 관련 정보공개 청구소송을 벌인 최봉태 변호사가 지난해 7월 일본 외무성에서 건네받은 문서에 '총리 부령 24호'와 관련된 부분이 지워져 있었다"고 말했다.

'총리 부령 24호'와 '대장성령 4호'라는 법령 두 건을 통해, 일본이 1951년 옛 조선총독부가 소유한 재산을 정리하는 과정에서 법령 공포를 통해 독도를 일본 영토에서 제외했다는 사실이 처음으로 밝혀진 것이었다. 일본은 자신들이 공포한 이 법령에도 불구하고 수십 년 동안 '독도가 일본의 고유 영토'라는 주장을 펴왔으며, 법령의 존재에 대한 은폐까지 시도했던 사실도 이때 함께 드러났다.

이 일본 법령 2건은 일본 정부 스스로가 독도를 '일본의 부속 도서'에서 제외했다는 사실을 명백히 드러내는 최초의 자료로서 주목되는 것이었다. 헌법 제3조에 '대한민국의 영토는 한반도와 그 부속 도서로 한다'고 명시한 한국과는 달리 일본 헌법은 '일본의 영토'를 따로 명시하는 조항을 마련하지 않았다. 하지만 옛 조선총독부가 소유한 재산을 정리하는 과정에서 '일본의 옛 식민지와는 달리 현재(1951년) 일본이 관할하는 섬에 독도는 포함되지 않는다'는 사실을 분명히 시인했던 것이다.

1951년 2월 13일의 일본 법령 '대장성령 4호'는 '구령舊令(옛 명령)에 의해 공제조합 등에서 연금을 받는 자를 위한 특별조치법 제4조 제3항 규정에 기초한 부속 도서는 아래 열거한 도서 이외의 섬을 말한다'고 명기했다. 그 섬이란 무엇이었는가? 그 두번째 항목에서는 '울릉도, 독도 및 제주도鬱陵島, 竹の島及び濟州島'라고 명기했다. 이보다 앞선 첫번째 항목에서는 지금도 러시아 영토인 '치시마千島 열도, 하보마이齒舞 군도, 시코탄色丹 섬'을 들었다. 이 섬들이 '일본의 부속 도서에서 제외된다'는 뜻이다.

섬을 구분하는 방식에서, 앞서 연합국 최고사령부의 「SCAPIN 677호」와 유사한 패턴을 보인다는 점이 주목된다. 울릉도·독도·제주도를 한 항목에 든 것은 이 섬들이 한국과 인접한 섬들이며, 다른 항목에서 치시마 열도, 하보마이 군도, 시코탄 섬을 든 것은 이 섬들이 러시아와 인접한 섬들이란 의미다. 다시 말해 일본의 부속 도서에서 제외되는 '독도'는 '울릉도·제주도'와 마찬가지로 한국의 영토라는 의미가 된다.

1951년 6월 6일의 '총리 부령 24호'는 제2조에서 '정령 291호의 규정을 준용하는 경우에는 부속 도서로서는 아래 열거한 도서 이외의 도서를 말한다'고 한 뒤 제3항에 역시 '울릉도, 독도竹の島 및 제주도'라

고 명시했다. '정령 291호'란 일본이 1949년 8월 1일 공포한 '구舊일본 점령 지역에 본점을 둔 회사가 소유한 일본 안에 있는 재산 정리에 관한 명령'을 말하는 것이다.

이 정령과 같은 날에 나온 '정령 제291호 시행에 관한 명령'에서는 일본의 영토를 '혼슈, 홋카이도, 시코쿠, 규슈와 소관 부처에서 정한 부속 도서'라고 정했지만 '부속 도서'에 대한 명확한 정의를 내리지는 않았다. 1951년의 '총리 부령 24호'는 이전까지 애매하게 처리됐던 '일본의 영토인 부속 도서'에 울릉도와 독도, 제주도가 포함되지 않는다는 것을 분명히 한 것이다.

놓치지 말아야 할 부분은, 일본이 그동안 이 법령의 존재 자체를 숨기려 했던 것이 드러났다는 점이다. 문서 발굴의 주역인 유미림 박사는 "일본에서 한일회담 관련 정보공개 청구소송을 벌였던 최봉태 변호사의 제보에 의해 이 법령이 있다는 사실을 알게 됐다"고 했다. 2008년 7월 소송에서 이긴 최 변호사가 6만 쪽에 달하는 한일회담 관련 일본측 문서를 건네받았다. 그런데 문서에 검은 줄로 가려진 부분이 있었고, 그것이 무엇인지 확인하는 과정에서 '총리 부령'의 존재를 알게 됐던 것이다.

이 법령은 1905년에 일방적으로 독도를 시마네현에 편입한 뒤 '일본의 고유 영토'라고 했던 일본의 억지 주장과는 큰 차이를 보이고 있다. 1951년에 일본은 왜 그랬던 것일까? 당시 미군정하에 있던 일본이, 독도를 일본 영토에서 제외한 「SCAPIN 677호」와 「SCAPIN 1033호」

등 연합국 최고사령부의 방침을 추인한 것으로 볼 수 있다는 것이다. 1952년 샌프란시스코 강화 조약의 최종 조약문에는 일본의 로비에 의해 '독도는 한국 영토'라는 부분이 빠졌지만 '독도가 일본 영토'라는 명문 규정 또한 없었기 때문에 이보다 앞선 「SCAPIN 677호」가 계속 유효하다는 것이 국내 학자들의 해석이었다. 그러나 '대장성령 4호'와 '총리 부령 24호'는 이미 샌프란시스코 강화 조약보다 1년 앞서 일본 스스로가 국내법을 통해 독도는 일본 땅이 아니라는 사실을 공식 인정했음을 밝히고 있는 것이다.

2008년 말 한국해양수산개발원은 청와대에 제출한 「대통령 서면 보고서」에서 "이 법률은 식민지 당시 일본 정부 재산으로 되어 있는 조선총독부 교통국 공제조합의 재산 정리에 관한 총리 부령으로 (…) 울릉도·독도·제주도 등을 일본 부속 도서에서 제외한 것은 일본이 독도를 한국의 영토로 인정한 조치로 간주할 수 있음"이라고 썼다. 또한 "독도가 일본의 고유 영토라는 주장이 허구라는 점을 입증할 수 있는 기초 자료로 활용 가능하다"고 분석했다.

일본 정부는 〈조선일보〉가 두 법령의 발굴 사실을 처음 보도한 지 6일 만인 2009년 1월 7일 공식 입장을 내고 "일본의 법령, 즉 행정권이 적용되는 지역의 정의定義에서 다케시마竹島(독도의 일본 이름)를 배제한 것으로, 영토 범위를 정한 것이 아니다"라고 밝혔다.

일본 외무성의 아카마쓰 다케시赤松武 국제보도관은 "1951년의 두 법령은 (독도를 일본 영토에 포함한) 1949년 관련 법령을 당시 일본을 점령한 연합국 최고사령부의 「SCAPIN 677호」 규정에 따라 개정한 것"이라며 "행정권의 범위와 영토의 범위는 반드시 일치하지 않을 수도 있다"고 말했다. 그는 또 "「SCAPIN 677호」에는 '어떤 규정도 영토에 관한 연합국의 최종적 정책을 나타내는 것으로 해석해서는 안 된다'는 내용이 있다"며 일본의 기존 주장을 되풀이했다.

그런데 상식적으로, 행정권이 적용되지 않는 지역이 어떻게 영토가 될 수 있을까? 신용하 교수는 "연합국 최고사령부가 「SCAPIN 677호」를 통해 독도를 일본 영토에서 분리한 것은 수개월의 조사 끝에 독도를 울릉도의 부속 도서라고 판정을 내린 결과"라고 말했다. 여기서 '일본의 정의the definition of Japan'라는 표현을 썼는데, '일본의 행정Japanese administration'이 아닌 '일본Japan'이라고 한 것은 영토에 대한 규정이기 때문이며, 1951년의 두 법령은 일본 정부 역시 이를 준수했다는 증거라는 것이다.

두 법령의 의미를 요약하면 이렇게 될 것이다.

일본은 곧 닥칠 샌프란시스코 강화 조약을 앞두고 연합국측에 대대적인 '다케시마 홍보'를 했고 이것이 미국 쪽으로 일부 먹혀들어가는 상황이었다. 그러나 독도에 대한 실질적인 행정권은 전혀 행사할 수 없었다. '총리 부령 24호'와 '대장성령 4호'는 그들 스스로 이 현실을 인정하고 '독도'를 '일본'에서 제외한다는 선언이었다.

샌프란시스코 강화 조약, 결론은 아무것도 없었다

제2차세계대전에서 승리한 48개 연합국은 일본을 1952년에 '재독립' 시켜주기로 결정했다. 그러니까 1945년 8월부터 1952년 4월까지 일본은 공식적으로 독립 국가가 아니었다. 재독립을 위한 강화 조약은 1951년 9월 8일 샌프란시스코에서 체결됐다. '유일한 패전국의 식민지'인 한국은 이 조약의 당사자가 아니었다.

이보다 앞선 1950년, 강화 조약의 준비 작업으로 「연합국의 구일본 영토 처리에 관한 합의서」를 작성했다. 신용하 교수는 "이것은 강화 조약의 본문 해석이 모호하거나 차이가 발생할 경우 지침이 되므로 매우 중요한 합의"라고 말한다. 이 합의서 제3조를 보자.

> 연합국은 대한민국에 한반도와 그 주변의 한국 도서들에 대한 완전한 주권을 이양하기로 합의했으며, 그 섬에는 제주도, 거문도, 울릉도, 리앙쿠르 암(독도)을 포함한다.

처음 미국이 작성한 샌프란시스코 강화 조약 초안은 1차에서 5차까지 이 합의서를 따라 독도를 한국 영토로 기록했다. 미국 공문서관이 소장한 당시 한국과 일본의 영역을 규정한 지도는 당시 독도가 한국에 속한다는 것을 명백히 보여주고 있다. 이대로라면 최종안에선 '일본 영토에서 독도 제외'가 명기될 분위기였다. 그러나 제5차 초안을 본

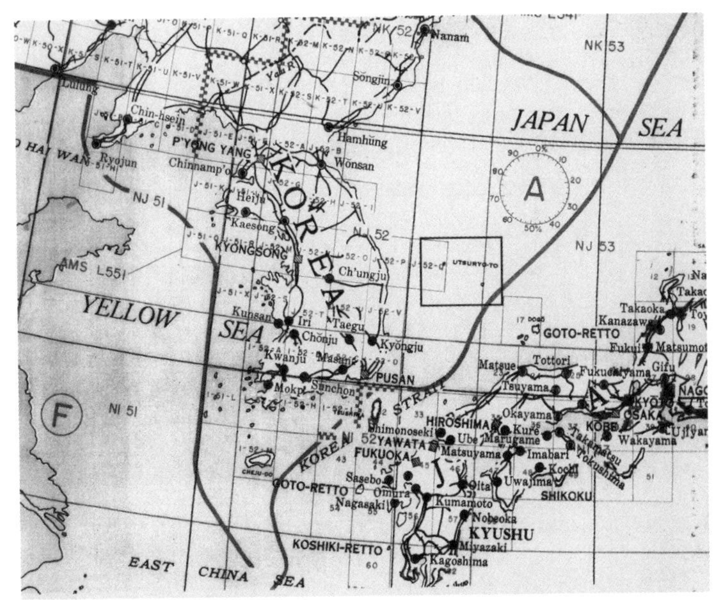

한국과 일본의 영역을 표시한 1953년의 미국 국립공문서관 소장 지도. 울릉도와 독도를 한국의 영토로 표시했다. 샌프란시스코 강화 조약 당시 연합국의 영토 인식을 시사한다. (미국 국립공문서관 소장)

일본측이 미국인 고문 윌리엄 시볼드William Joseph Sebald(1901~1980)를 내세워 본격적인 로비전을 벌였다.

시볼드. 윌리엄 시볼드.

20세기 독도의 역사에서 한국 입장에선 생선 가시와도 같은 인물이다.

대체로 20세기 이후 세계의 친일 인사들은 한국에 별 도움이 되지 않는 경우가 많았고, 때로는 큰 해가 되기도 했다. 그 대표적인 인물이 바로 시볼드였다. 정병준 교수는 시볼드가 "한일 간 독도 분쟁의 불씨를 만든 핵심 인물"이라고 본다. 시볼드는 1947년부터 1952년까지 도쿄에서 미국 민간 관리가 맡을 수 있는 세 가지 중요한 직책을 겸직하고 있었다. 미 국무부 주일 정치고문, 연합국 최고사령부 외교국장, 연합국 대일이사회 미국 대표 겸 의장이었다.

미 해군사관학교 출신으로 1925년 주일 미국대사관 무관부에 근무한 시볼드는 일본계 2세와 결혼했는데, 시볼드의 장모가 일본인이었다. 미국에서 변호사 자격을 딴 뒤 1945년 도쿄 주재 연합국 최고사령관 특별보좌역으로 임명돼 일약 출세한다. 일본 왕족과 정치인 같은 상류층 인사와 친교를 맺고 '일본의 입'이 돼 나서기 시작하더니 급기야 샌프란시스코 강화 조약을 앞두고 큰 사고를 치게 된다.

시볼드는 "독도를 일본 영토로 넣어주면 미 공군 기상관측소와 레이더 기지로 제공하겠다"며 형편없는 '독도 지식', 사실은 일본이 지금껏 독도에 대해 주장한 내용을 그대로 복사해 떠들고 다녔다. "다케시마는 원래 무주지였다." "한국은 다케시마를 부르는 이름조차 없었다." "1905년 한국측의 항의를 전혀 받지 않은 상태에서 새로 편입한 일본 영토가 다케시마였다." 1949년 11월에는 미 국무부에 '독도를 일본에 귀속시킬 것'을 건의했고, 1947년 일본이 만든 바로 그 팸플릿도 보냈다.

한국에는 매우 불행하게도, 그의 로비는 먹혔다. 미국의 입장은 세계가 동서 냉전으로 재편되는 구도 속에서 전쟁을 겪고 있던 가난한 신생국 한국보다는 새롭게 포섭할 필요가 있는 '과거의 강대국' 일본

1951년 4월 7일 자 「영국 외무성 대일 평화 조약 임시 초안」에 첨부된 지도. 독도를 일본 영역 바깥에 있는 것으로 표시했다. (미국 국립공문서관 소장)

쪽으로 기울어지고 있었다.

그래서 나온 것이 문제의 미국측 제6차 초안이었다. 독도를 한국 영토에서 빼내 일본 영토에 포함한 것이다. 이를 본 영국·호주·뉴질랜드 등이 "이게 도대체 뭐냐"며 반대했다. "특정국의 이익을 위해 연합국 합의를 위반해서 섬의 소속을 옮기면 동아시아에 영토 분쟁의 씨앗을 뿌리는 셈"이라는 정확한 지적이 이들로부터 나왔다. 1951년 4월 7일 자 「영국 외무성 대일 평화 조약 임시 초안」에 첨부된 지도를 보면 독도는 명백히 일본의 영역 바깥에 있었다.

뜻밖의 상황에서 미국은 7~9차 초안에서는 아예 독도라는 이름을 빼버렸다. 이에 반발한 영국이 독자적으로 1~3차 초안을 작성해 독도를 한국 영토에 포함했다. 미국 내 전문가들도 '독도는 한국 영토가 맞다'는 의견을 제시했다. 1951년 7월 13일 미 국무성 정보조사국 지리 담당관 새뮤얼 보그스Samuel W. Boggs는 강화 조약을 준비하고 있던 극동아시아과 로버트 피어리Robert A. Fearey에게 "독도는 한국 영토이므로 영토 분쟁을 방지하기 위해 강화 조약 본문에 독도의 명칭을 넣어야 한다"고 제언했다. 이런 상황에서도 끝내 미국측은 영미 합동 초안을 제시해 다시 독도 명칭을 누락하기로 했다.

결국 샌프란시스코 강화 조약 본문의 제2조는 1951년 8월 16일 이렇게 애매모호하게 확정됐다.

"일본은 한국의 독립을 승인하고, 제주도, 거문도, 울릉도를 포함하는 한국에 대한 모든 권리, 권원 및 청구권을 포기한다."

9월 8일, '패전국의 식민지'였던 한국이 소외된 채 샌프란시스코 강화 조약은 조인됐다.

그래서 어떻게 됐다는 것인가?

결론은 '알 수 없다'는 것이다.

독도라는 말이 빠졌으니 이후 일본의 주장대로 '연합국이 독도를 일본 영토로 인정한 것'이 되는가?

하지만 그 논리가 성립하려면 제주도·거문도·울릉도를 제외한 한반도 주변의 섬 3000여 개가 모두 일본 영토여야 하는데, 이것이 말이 된다고 생각하는 사람은 세계에 아무도 없지 않은가? 한국 정부는 "독도는 울릉도의 부속 섬이기 때문에 독도는 모도母島인 울릉도를 영유한 국가의 영토가 된다"고 주장했다. 제주도의 일본 방향에 우도가 있는데 조약문에 제주도만 기술돼 있는 것이 그 예다. 신용하 교수의 말처럼 "독도는 이미 국제법상 1948년부터 주권 국가 대한민국의 영토이므로 일본은 물론 연합국도 가져갈 수 없는 땅"이 아닌가.

결국 강화 조약에서 한국과 일본 양국의 요청은 모두 받아들여지지 않았다.

'강화 조약 최종안에 독도가 한국 땅이라는 사실을 넣어달라'고 했던 한국도 뜻을 이루지 못했고, '독도가 일본 땅이라는 사실을 넣어야 한다'고 했던 일본과 시볼드 역시 실패했다. 독도가 일본 땅이 되지 않았으니 주일미군의 기상관측소나 레이더 기지도 설치될 수 없었다.

허무하게도, 결국 독도 문제에 대해 샌프란시스코 강화 조약은 아무것도 결정하지 못했다. 향후 독도를 둘러싼 한일 분쟁의 씨앗만 뿌린 셈이었다.

임시정부의 대일對日 무장투쟁이 인정받아 한국이 제2차세계대전의 승전국이 됐더라면 샌프란시스코 협상 테이블에 앉아 유리한 결론을 끌어낼 수 있었을까? 그러나 역사에 가정假定은 없다.

샌프란시스코 강화 조약 직후 일본의 분위기는 '독도가 우리 영토

1952년 5월 일본 〈마이니치신문〉이 펴낸 『대일강화조약 해설서』에 나오는 〈일본영역도〉. 1951년 샌프란시스코 강화 조약의 결과 독도가 한국의 영해에 속하게 된 것으로 표시했다.

가 됐다'며 기뻐하는 것과는 거리가 멀었다. 1951년 10월 일본 국회 중의원 평화 조약 및 미일안전보장조약 특별위원회는 조약 이후의 일본 영토에 관한 설명회를 열었는데, 이때 후생성 장관이 의원들에게 나눠준 〈일본영역참고도〉에는 독도가 한국 영토로 표시돼 있었다. 놀란 사회당 의원이 어떻게 된 것이냐고 묻자 정부측 위원은 "현재 점령하고 있는 행정구역에서 다케시마는 제외돼 있습니다만, 이번의 평화 조약에서 다케시마가 일본에 들어온다고 할까……"라며 애매모호하게 답변했다. 분명 일본 정부도 이 문제에 대해 당황해하고 있었다.

1952년 5월 〈마이니치신문〉이 펴낸 『대일강화조약 해설서』에 나오는 〈일본영역도〉에서도 역시 '다케시마竹島'를 한국 영역으로 표시했다. 전후戰後 일본 영토에서 독도가 제외됐다는 것이 하나의 상식이었다는 방증이다. 하지만 이후 일본은 "샌프란시스코 강화 조약에서 '다케시마'가 빠진 것은 연합국이 일본 영토로 묵인한 것"이라고 주장하기 시작했고, 그 주장은 지금까지도 이어지고 있다.

독도 문제에서 일본에 호의적인 듯 보이는 태도를 취하던 미국은, 적어도 표면상으로는 중립적 입장으로 선회했다. 1953년 12월 미 국무장관 덜레스는 한국과 일본 사이의 독도 문제에 대해 '불개입'을 선언했다.

일본은 1954년 11월 미 국무부 극동담당 차관보 자리에 있던 윌리엄 시볼드에게 "독도 문제를 국제사법재판소에 제소하는 문제에 대해 어떻게 생각하는가" 물었다. 시볼드는 이렇게 조언했다. "제소보다 양자 해결이 바람직하다. 일본은 주장을 계속하며, 태만에 의해 권리가 침해당하지 않도록 한국에 각서나 정기적인 공문을 보내야 한다." 일본은 이 말을 지금껏 대체로 착실하게 따르고 있는 것으로 보인다.

그런데 1951년 샌프란시스코 강화 조약은 독도 문제에 관한 한 한국에 거대한 변화를 줬다는 점을 강조할 필요가 있다. 그것은 '더이상 우리 땅 문제를 남의 손에 맡길 수 없다'는 깨달음이었다.

1952년, 평화선과 '독도 실효 지배'

최근 한국을 방문한 홍일송 전 미국 버지니아주 한인회장을 만나 인터뷰했다. 그는 미 하원의 일본군 위안부 결의안과 버지니아주의 동해 병기 법안 채택을 성사시킨 인물이다. 그는 "동해 문제와 독도 문제에 대해 대응 방법은 같을 수 없다"고 했다. 그 이유를 물어봤다.

"자, 여기 100불짜리 지폐가 한 장 있다고 합시다. 그 100불이 내게 있지 않고 남의 손에 있다면 나는 그 돈을 얻기 위해서 큰 노력을 기울여야겠지요. 그런데 100불이 이미 내 손에 있다면 어떨까요? 나는 그 100불을 잃지 않도록 최대한 조용히 지켜야 할 겁니다. 동해 표기가 '남의 손에 있는 100불'이라면 독도는 '내 손에 있는 100불'입니다. 독도를 여기저기에 떠들면서 지킬 필요는 없지요. 이미 우리가 지배하고 있는 영토니까요."

그가 독도를 '내 손안의 100불'로 표현할 수 있는 근거는 무엇일까. 1951년 샌프란시스코 강화 조약이 체결된 다음해에 일어났던 사건, 1952년 이승만 대통령의 '평화선 선포'다.

외국인을 만나 독도 문제에 대해 얘기를 나누다보면 그들이 놀라는 부분이 있다.

"독도를 한국이 점유하고 있는 거였어? 언제부터?" 1952년이라고 말해주면 또 한번 놀란다. "한국이 전쟁중에 그걸 할 수 있었단

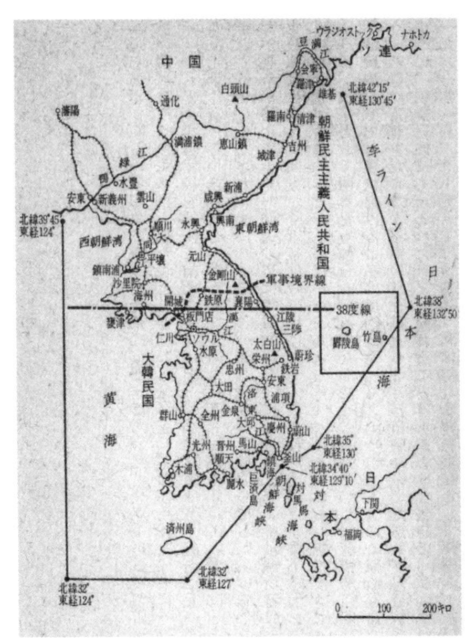

1963년 일본 마쓰모토 히로카즈松本博一의 『격동하는 한국』(이와나미신서)에 수록된 평화선 지도. 울릉도와 독도는 평화선 안쪽에 있다.

말이야?"

놀라운 일 맞다. 한국이 상대적으로 국력이 강한 일본과 한 섬을 놓고 싸우고 있는 것이라면, '원래 한국 땅이었는데 한국전쟁을 틈탄 일본이 이 섬을 차지했다'는 얘기가 되는 것이 자연스럽지 않겠는가? 그러나 현실은 정반대였다. 한국전쟁중이라 여력이 없을 것 같던 한국이 독도의 '실효적 지배'에 성공했던 것이다. 설령 다른 것은 모두 제쳐둔다고 해도 독도 문제에 관한 한, 한국의 초대 대통령 이승만李承晩(1875~1965)의 공은 분명 인정받아야 한다. 아니, 우리는 그에게 독도에 대해서 고마워해야 한다.

1952년 1월 18일 이승만 대통령은 국무원 고시 제14호로 '인접 해양에 대한 주권에 관한 선언(해양주권선언)'을 선포했다. 해안에서부터 평균 60마일(약 97킬로미터)에 이르는 해역에 '평화선(이승만 라인)'을 긋고 그곳에 포함된 광물과 수산자원을 보존하겠다는 선언이었다. 60마일은 당시 일반적으로 통용되던 영해 기준의 20배에 달하는 거리였다. 이후 한국 정부는 1957년까지 평화선을 침범한 일본 어선 152척, 어민과 선원 2025명을 나포했다.

여기서 평화선이 독도를 확실히 대한민국의 영토 안에 포함했다는 점을 주목해야 한다. 독도로 넘어오는 일본 배와 어민은 '나포 대상'이었다. 그 전해 체결된 샌프란시스코 강화 조약이 발효되기 전에 대한민국이 주권 국가로서 대한민국 영토 독도의 '지배'에 본격적으로 나선 것이었다. 이것은 독도 1500년 역사에서 처음 나온 한국측의 적극적인 조치였다.

도쿄의 연합국 최고사령부가 1946년 '맥아더 라인'을 설정했으나 여전히 많은 일본 배가 이 선을 넘어 불법으로 독도에서 조업을 하고 있던 상황이었다. 게다가 그 맥아더 라인조차 샌프란시스코 강화 조약 이후 사라지게 될 전망이었다. 맥아더 라인 대신 '이승만 라인'(평화선의 별칭)이 필요하다는 것이 이승만 대통령과 한국측의 판단이었다. 호사카 유지 교수는 "아직 한일 간 어떤 조약이나 협정이 존재하지 않는 상황에서 평화선을 선포한 것은 어업 약소국인 한국이 정당방위를 실천한 것"이라 말한다. 실제로 이해 4월 25일 맥아더 라인은 폐지됐고, 4월 28일에는 샌프란시스코 강화 조약이 발효됐다.

일본 정부는 평화선 선포 열흘 뒤인 1월 28일 '일본 도서인 다케시마에 대해 한국이 영토권을 상정했다'고 항의하는 외교문서를 보냈고, 이것은 양국 간 독도 분쟁의 시작으로 평가되지만 한국은 꿈쩍도 하지 않았다. 2월 12일엔 미국도 "평화선을 인정할 수 없다"고 통보했으나 이승만은 이마저도 개의치 않았다. 김병로金炳魯 대법원장은 1953년 10월 2일 자 〈조선일보〉를 통해 "평화선은 국제법상 정당하며, 일본 어선의 침범은 양국 간의 충돌을 초래하게 될 것"이라고 발언했다.

평화선은 1965년 한일어업협정으로 사라졌지만, 한국 정부는 그 전에 독도의 '실효적 지배' 조치를 충분히 취한 상태였다. 1953년 6월 27일만 해도 일본 해상보안청과 시마네현이 '조사' 명목으로 독도에 들어와 '일본 시마네현 오키군 고카촌五箇村'이라는 영토 표지판을 세우고 한국 어민 6명을 퇴거시킨 사건도 있었지만, 7월부터는 경상북도 울릉경찰서 소속 '독도순라반獨島巡邏班'이 독도를 정기적으로 순찰했다. 이해 7월 12일에는 일본이 세운 영토 표지판을 철거하고, 독도에 접근해 오는 일본 해상보안청 순시선 '헤쿠라'호가 검문에 불응하자 기관총을 쏴 격퇴했다. 이후 1954년까지 한국과 일본은 서로 독도에 세운 상대국 표지판을 철거하고 새로 세우기를 반복했다.

1954년 일본 순시선의 출몰이 빈번해지자 같은 해 7월부터는 경북

1954년 8월 28일 독도에서 촬영한 독도의용수비대의 모습.

경찰이 독도 경비를 맡아 울릉경찰서장 책임 아래 운영하기로 했고, 9월엔 무장을 갖춘 경찰이 독도에 상시 주둔하도록 하는 방침이 결정됐다. 1954년 5월 18일, 정부는 관리와 석공을 파견해 독도 동도 동남쪽 절벽 바위에 '韓國領(한국령)'이라는 글자를 새겨넣었다.

이 같은 공식적인 활동 외에 1953년 4월 창설된 '독도의용수비대'가 있었다. 울릉도 출신으로 한국전쟁에 참전하고 1952년 특무상사로 전역한 홍순칠洪淳七(1929~1986)이 창설해 기관총과 소총 등으로 무장하고 경찰의 지원을 받아 독도 경비에 나섰다.

1954년 12월 31일, 독도의용수비대원 9명이 경찰에 특채돼 이듬해 1월 1일부터 독도에 상주하면서 경비를 담당하게 됐다. 이때부터 현재까지 독도를 지키고 있는 울릉경찰서 소속 '독도경비대'가 출범한 것이다. 1955년은 대한민국의 '독도 실효적 지배'가 완성된 첫해였다.

독도경비대는 1975년 10월 경찰 3명, 전경 12명으로 조정됐고, 1993년 12월 경찰이 통제하는 레이더 기지가 마련됐다. 독도 접안 시설을 둘러싸고 일본과 마찰이 일던 1996년 2월에는 경찰력이 더 보강됐다. 1996년 6월, 울릉도 경비를 전담하는 제318전투경찰대와 독도경비대를 통합해 경북지방경찰청 상설 중대인 울릉경비대가 창설됐다.

1981년 10월 울릉도 주민이던 최종덕이 독도로 주민등록을 옮긴 것을 시작으로 독도에는 대한민국 민간인도 주민으로서 거주하게 됐다. 2019년 3월 현재 독도에는 주민 1명, 독도경비대원 35명, 등대관리원 2명, 울릉군청 독도관리사무소 직원 2명 등 모두 40명이 거주하고 있다.

정부는 독도의 자연환경 보존을 위해 1982년 독도를 천연기념물 제336호 '독도 해조류 번식지'로 지정했고, 1999년엔 '독도천연보호구역'으로 변경 지정했다. 2005년 일반인의 독도 출입이 가능하도록 입도 허가제를 신고제로 전환한 뒤 매년 10만 명이 넘는 국내외 관광객들이 독도를 방문하고 있다.

김종필 '독도 폭파론'의 실체

"농담으로는 독도에서 금이 나오는 것도 아니고 갈매기 똥도 (필요) 없으니 폭파해버리자고 말한 일이 있다."

1962년 11월 13일, 일본 하네다羽田 공항 귀빈실에서 열린 기자 간담회에서 중앙정보부장 김종필金鍾泌(1926~2018)이 기자들에게 이런 말을 했다. 한국의 정치사에서 오래도록 'JP'라는 약칭으로 불린 김종필은 이때 오히라 마사요시大平正芳(1910~1980) 일본 외상과의 회담을 마치고 귀국길에 오른 참이었다. 이 한마디로 김종필은 이후 독도 문제에서 '폭파론자'라는 오명을 뒤집어쓰게 된다. 이 말은 이후 많은 사람들에게 '한일회담에서 장애가 된다면 그깟 독도 따위의 섬은 폭파해버리면 그만'이라는 뜻으로 받아들여졌다. "어떻게 그런 망언을 할 수가 있느냐"며 분노하거나 규탄 성명을 낸 사람도 있을 정도였다.

현재의 국민 정서로 보면 이 발언은 대단히 부적절한 것으로 보인다. 우리 영토를 폭파하자는 농담을 했다고? 김종필은 도대체 왜 그런 말을 했던 걸까? 발언의 실체는 무엇이었을까? 우선 이 문제에 대한 김종필 자신의 해명을 들어보자. 1996년 3월 8일, 그는 관훈클럽 초청 토론회에서 그 '발언'에 대한 질문을 받고 이렇게 말했다.

"그 당시에 내가 관여했던 것은 청구권 문제 하나뿐이었다. 독도 문제는 회담과는 별도로 이케다 하야토池田勇人(1899~1965) 수상(총리)이 얘기하다가 먼저 꺼냈다. 자기 땅이라고 하도 우기길래 (당시 내가) 혈기 왕성한 나이고 해서 '너희에게 줄 수 없다'는 의미로 '폭파해버릴까' 했고, 그러자 이케다가 더욱 문제가 된다며 웃었던 것이 전부다." 1962년 그의 나이는 37세였다.

김종필은 이것을 '별것 아닌 농담'으로 일축했지만, 어쨌든 '그런 발언이 실제로 있었던 것'을 시인은 한 셈이다. 그는 이후 이 부분에 대해 좀더 구체적으로 진술하게 된다. 2010년 8월 28일 자 〈조선일보〉에 실린 인터뷰다.

"수상과 합의가 다 끝나고 커피 한 잔 달라고 해서 마시며 얘기하는데, 그가 '(독도 문제를) 국제사법재판소에 제기해야겠다'고 하더라구. 그래서 내가 발끈했어. 그래서 이걸 당신 땅이라고 우기면 국제재판소에서 일본 거라고 판결 나도, 다 폭파해버리고 없애버리는 한이 있더라도 당신네 손에 들어가게는 안 하겠다고 했어. 그래서 폭파 소리가 나온 겁니다."

왠지 시간이 지날수록 '별것 아닌 농담'이 '우국충정에서 나온 격한 말'로 재해석되는 느낌이 들기도 한다. 그런데 당시 김종필이 과연 어떤 말을 했는가를 유추해볼 수 있는 다른 기록이 있다. 1962년 10월 29일 미국 워싱턴에서 딘 러스크 미 국무장관과 가졌던 미국측 회담록이다. 딘 러스크? 그렇다. 1951년 차관보 시절 한국에 '독도는 한국 땅이 아니다'라는, 일본측에 유리한 듯 보이는 자료 「러스크 서한」을 비밀리에 보낸 그 인물이다. 여기서 JP는 도쿄에서 있었던 이케다·오히라와의 요담 내용을 러스크에게 설명하다가 독도 얘기를 꺼낸다.

김종필: 독도 문제는 최근에 일본측이 새롭게 제기한 것이다. 나는 종체적인 합의가 달성될 때까지는 이 문제에 대한 논의가 연기돼야 한

다고 주장했다.

러스크: 독도는 어떤 섬인가?(그가 김종필에게 이런 질문을 했다는 것은 「러스크 서한」이 독도에 대해 충분히 조사하지 않은 채 발송됐다는 것을 시사한다.)

김종필: 갈매기들이 배설물을 떨어뜨리는 장소다. 나는 일본측에 독도를 폭파해버리자고 제안했다.

러스크: 나도 그런 생각을 했다.('통상 사람이 없는 섬'이라고 평가 절하했던 「러스크 서한」을 다시 떠올리게 한다.)

김종필: 오히라는 내 말을 별로 재미있어하지 않았다. 그는 사회당이 이 문제로 자신을 맹공猛攻할 것이라 걱정했다.

러스크의 발언에서는 당시 '독도 영유권 문제'가 한일 간의 분쟁 사안이 되는 것에 대해 미국이 상당히 골치 아파했다는 점이 드러난다. 1962년 10월 20일 JP가 오히라 외상과 1차 회담을 한 직후 배의환裵義煥 한일회담 수석대표(주일대표부 대사)는 이렇게 기록했다. "오히라 외상이 이 문제(독도 문제)를 국제사법재판소에 제소하는 데 한국이 응해달라고 하였음. 김 부장은 이 문제는 한일회담과는 별개 문제이므로 국교 정상화 후 시간을 가지고 해결하자고 말하였음."

김종필의 '독도 폭파 발언'에 대한 가장 구체적인 기록은, 그의 측근이었던 방송작가 김석야金石野가 쓴 『실록 박정희와 김종필』(1997)이다. 이 책은 당시 JP의 발언에 대해 이렇게 썼다. "독도 문제가 한일 두 나라 사이에 장애가 된다면 해결 방법이 있긴 있습니다. 제가 한국에 돌아가서 독도를 한국 공군의 연습장으로 삼도록 하겠습니다. 공군기를 동원하여 며칠간만 폭격하면 독도는 영원히 지도상에서 없어지고 말 겁니다. 그리고 우리는 후세에 대한 변명을 위해서 '독도는 일본측에서 한일회담의 미끼로 사용하기 때문에 지구상에서 완전히 없애버렸다'고 기록에 남기겠습니다. 그러면 우리 두 사람의 이름도 한일 두 나라에 영원히 남게 되겠군요."

지금까지의 여러 기록과 진술들을 종합해보면, 대체적인 그림이 하나 그려진다. ①JP는 한일회담의 청구권 문제 해결을 위해 일본으로 파견됐다. → ②이케다 총리 또는 오히라 외상(기록마다 다르게 나옴)이 예상치 못했던 '독도' 문제를 들고나왔다. → ③JP는 이 문제에 대해 '절대 한일회담의 내용으로 포함돼선 안 된다'고 판단하고, 일본측의 제안을 거절했다. → ④그리고 '한일회담에서 이 문제를 논의하느니 차라리 독도를 폭파해버리자'는 극언極言을 했다. → ⑤JP의 진의가 '논의 불가'에 있다는 것을 알아차린 일본측은 일단 독도 문제에 대한 언급을 중단했다. 전후 상황으로 볼 때 정말 폭파해버리자는 제안이 아니라, 일본이 더이상 이 문제를 꺼내지 못하도록 하기 위한 외교적 발언이었던 것으로 보는 쪽이 합당해 보인다.

하지만 의문은 여전히 남는다.

왜 김종필은 한일회담에서 독도가 논의 대상이 되는 것을 그토록 경계했을까? 지금도 많은 사람들은 한일회담이야말로 독도 영유권 문제를 두 나라 사이에 확실히 매듭지어야 했을 좋은 기회였다고 생각하는데 말이다. "그때 독도 문제를 제대로 해결하지 못하고 애매하게 처리했기 때문에 지금 일본이 저렇게 독도를 가지고 계속 도발하는 것 아니냐"고 말하는 사람도 적지 않다.

이 문제에 대해선 최근 학계에서 연구가 상당히 진척됐다.

2005년부터 한일 양국은 1960년대 한일회담 당시의 방대한 외교 문서들을 공개했다. 한국 정부가 발표한 문서가 3만 장, 일본 정부가 발표한 것은 6만 장 분량에 달한다. 이 방대한 외교문서를 정리하고 분석하는 작업을 수행한 기관이 국민대 일본학연구소였다. 이 과정에서 이 기관 소속이었던 최희식 국민대 국제학부 교수(일본학)는 주목할 만한 논문을 발표했다. 2008년 『일본공간』 4호에 실린 「한일회담에서의 독도 문제」와 2009년 『국가전략』 15권 4호에 발표한 「한일회담에서의 독도 영유권 문제」다.

여기서 무척 중요한 사실이 언급된다.

'독도 폭파' 문제를 먼저 꺼낸 건 한국이 아니라 일본측이었다는 것이다.

1962년 9월 3일, 제6차 한일회담 제2차 정치회담 예비절충 4차 회담이 열렸다. 한국측 배의환 주일대표부 대사, 최영택崔榮澤 주일대표부 참사관과 일본측 이세키 유지로伊關佑二郎 일본 외무성 아시아국장의 회담 내용 일부다.

이세키: 청구권 문제가 해결될 가망성이 높은 단계에 가면 여러 가지 문제를 토의하게 될 것인데, 이때 독도에 관한 문제도 토의할 것이다.

최영택: 독도 문제를 왜 또 꺼내려고 하는가? 고노 이치로河野一郎 씨는 '독도는 국교가 정상화되면 피차가 가지라고 하더라도 갖지 않을 정도의 섬'이라는 재미있는 말을 했는데 일본측이 왜 이를 또 꺼내려고 하는가?(일본 건설대신을 지낸 고노 이치로는 '고노 담화'로 유명한 고노 요헤이 전 관방장관의 부친이다.)

이세키: 사실상 독도는 무가치한 섬이다. 크기는 히비야日比谷 공원 정도인데, 폭파라도 해서 없애버리면 문제가 없을 것이다. (···) 섬 자체는 중요한 것이 아니지만 (문제를) 내놓지 않을 수 없다.

배의환: 중요하지도 않은 섬이고 한일회담의 의제도 아니므로 국교 정상화 후에 토의한다는 식으로 별개 취급함이 어떤가?

이 대화에서 유심히 살펴봐야 할 부분이 있다. 당시 일본 정부는 독도가 그다지 높은 전략적 가치를 지니지는 않았다고 판단했던 것이다. '피차가 가지라고 해도 갖지 않을 섬', '사실상 무가치한 섬'이라는 복수의 발언이 그 사실을 뒷받침한다. 그런데 왜 자꾸 한일회담에서 이 문제를 다뤄야 한다고 들고나왔던 것일까?

박정희 "독도 문제는 침략 상기시킬 것"

그 실마리가 드러난 것은 1963년 1월 11일의 회의에서 스기 미치스케杉道助 일본측 수석대표의 발언에서다. "사실 독도 문제는 국교 정상화 후에 천천히 토의해도 될 문제다. 그런데 사회당이 떠들고 있으니, 독도 문제를 해결하지 않고는 국교 정상화의 국회 비준을 받기가 어렵다."

여기서 지금의 시각으로 보면 대단히 흥미로운 대목을 하나 발견할 수 있다. 한일회담 당시 일본에서 '독도를 의제로 삼자'고 주장한 쪽은 극우 세력이 아니라 오히려 정부 정책에 반기를 드는 좌파 세력이었다는 사실이다.

당시 사회당 등 일본 혁신 세력은 한일 국교 정상화를 '미국의 냉전 논리에 편승해 한미일 삼각 군사동맹 수립을 통해 대對공산권 봉쇄 정책을 강화하려는 것'으로 파악하고 반대했다. 동시에 '다케시마(독도) 문제의 완전한 해결'을 요구했다. 결국 일본이 독도 문제를 회담 의제로 삼아야 한다고 고집한 것은 '국내용'이었던 셈이다. 좌파의 눈치를 보느라 일본 정부가 어쩔 수 없이 독도 문제를 들고나왔다는 게 쉽게 믿기지 않는 일이긴 하다.

그런데 왜 한국측은 자꾸만 이 문제를 '국교 정상화 이후에 토의하자'는 식으로 미루는 태도를 보였을까?

이유는 단 한 가지, 독도는 이미 대한민국이 실효적 지배를 하고 있던 영토라는 점이다.

1952년 이승만 대통령의 평화선 선포에 이어, 대한민국은 1955년 1월 1일부터 경북 울릉경찰서 소속 독도경비대가 상주해 '독도 실효 지배'를 완성했다. 일본 선박은 발을 들여놓는 즉시 퇴치되거나 나포되는 상황이었다. 이미 확고한 대한민국 영토가 된 독도의 영유권 문제를 한일회담의 의제로 삼을 이유는 전혀 없었다. 그렇다고 '독도 문제는 논의 대상이 아니다'라고 강하게 밀어붙여 회담을 결렬시킬 수 있는 상황도 아니었다. 정치적·경제적 이유로 한국 정부는 일본과의 관계 정상화가 다급했다.

미국에 갔던 김종필이 다시 오히라 외상과의 2차 회담을 위해 일본으로 가던 길에 하와이에 있던 이승만 전 대통령을 문병한 1962년 11월 8일, 박정희朴正熙(1917~1979) 국가재건최고회의 의장은 JP에게 긴급 훈령을 내렸다. 그 훈령의 3항을 주목할 필요가 있다.

"일본측에서 독도 문제를 다시 제기하는 경우에는, 같은 문제가 한일회담의 현안 문제가 아님을 지적하는 동시에, 일본측이 이 문제를 제기하는 것은 한국민에게 일본의 대한對韓 침략의 결과를 상기시킴으로써 회담의 분위기를 경화硬化시킬 우려가 있음을 지적할 것."

독도 문제를 회담에서 절대 꺼내지 말라는 명령이었다. 박정희도 처음부터 이 문제에 대해 이렇게까지 강경한 입장이었던 것은 아니다. 1961년 11월 존 F. 케네디 대통령과 회담하기 위해 미국으로 가는 도

중 도쿄에 들러 이케다 총리와 회담을 가진 박정희는 기자회견에서 이렇게 말했다. "일본 정부가 청구권 문제에 대해서 한국 국민이 납득할 수 있을 만큼의 성의를 보이면 한국 정부도 평화선 문제를 신축성을 가지고 해결할 용의가 있다." 한일 교섭에 소극적이었던 이케다는 이후 방향을 틀게 되지만, 박정희는 국내에서 '평화선 발언' 때문에 큰 저항에 직면했고 마침내 '독도 양보 불가'라는 강경 자세로 돌아섰던 것이다.

그런데 박정희조차 예측할 수 없었던 사태가 터진다. 정작 11월 12일의 김-오히라 2차 회담에서 김종필이 새로운 얘기를 꺼냈던 것이다. 박정희의 훈령에 따라 오히라에 맞서던 JP는, 오히라가 집요하게 '다른 해결 방안이 없는가'라며 묻자 돌연 '제3국 조정안'을 내세웠다. 오히라는 '제3국'으로는 미국이 좋을 것 같다며 검토해보겠다는 말까지 한다. 지금까지 미국이 독도 문제에 대해 어떤 행태를 보였는지 아는 입장에서 본다면 이는 정말 위험천만한 계획이 아닐 수 없었다.

어떻게 된 것이었을까? 당시 외무부는 이 회담을 이렇게 정리해서 보고했다. "김 부장의 의도는 국제사법재판소 제소를 위한 일측의 강력한 요구에 대하여 몸을 피하고 사실상 독도 문제를 미해결 상태로 유지하기 위한 작전상의 대안으로 시사한 것이라고 생각됨."

그러니까 JP의 '제3국 조정안 제시'는 전혀 협의나 조율이 되지 않은, 다시 말해 박정희의 지시를 따르지 않은 '독단적인' 행동이었던 것이다. 최희식 교수는 이렇게 평가한다. "일본과의 협상에 유연성을 부여하고자 했던 행위로 해석될 여지도 있다. 1차와 2차에 걸친 김-오히라 회담의 전략적 목표가 청구권 문제의 타결이었다는 점을 감안하면, 일본측에 독도 문제에 대한 협상 가능성을 열어둠으로써 청구권 협상에 우위를 확보하고자 하는 전술적 판단도 존재했을 것으로 보인다."

문제는 그다음에 과연 어떤 상황이 벌어졌느냐는 것이다. 한일 양국이 미국에 '제3국 조정'을 해달라고 요청했을까?

아니다. 흔들리기 시작한 것은 오히려 일본 쪽이었다. 1963년 1월 11일의 제2차 정치회담 예비절충 제22차 회의에서 일본의 우시로쿠 도라오後宮虎郎 아시아국장은 이렇게 말했다. "제3국의 조정 결정에는 순종한다는 조건을 붙여 구속력을 인정하는 식의 절충안도 고려할 수 있다. 일본 정부로서는 국제사법재판소 소송이 문제가 아니라 최종적으로 결말이 난다는 확증을 얻는 것이 문제다." 우시로쿠는 1963년 7월 9일 일본 외무차관 등과의 회합에서 개인적인 의견임을 전제로 '영유권 문제를 당분간 보류하고 공동 이용할 것'을 제안하기도 했다.

그러나 이에 대한 한국측의 반응은 싸늘했다. 외무부 본부대사로 훗날 한국의 10대 대통령이 되는 최규하崔圭夏(1919~2006)는 단호하게 말했다. "독도 문제는 당초 한일회담의 의제에 들어 있지 않던 것을 일본측이 공연히 끄집어내 문제를 복잡하게 만든 것이다." JP의 '제3국 조정안' 같은 것은 이미 온데간데없었다. 일본으로선 무척 당혹스러운 노릇이었다.

정리를 해보자면, JP가 독단적인 '제3국 조정안'을 제안한 이후 일본에서는 "어, 뭐지?"라는 반응과 함께 다양한 대안들이 나오면서 '국제사법재판소 제소'라는 당초의 일관된 정책이 흔들리기 시작했다는 것이다. 이는 『손자』 「시계편始計篇」에 나오는 '난이취지亂而取之', 즉 '적을 혼란시켜서 취한다'는 전략을 연상케 하지만, JP를 비롯한 한국측 회담 당사자들이 처음부터 면밀하게 계획한 것인지는 불확실하다.

어쨌든 일본은 '한일회담에서 국제사법재판소 제소를 합의하는 것은 불가능하다'는 판단을 하게 된다. 그 대신 "한일 간의 현안을 일괄 타결할 때 반드시 독도 처리에 관해서도 명백한 처리 방안에 합의돼야 한다"는 쪽으로 선회했다. '분쟁 해결에 관한 교환 공문'이라는 형태로 독도 영유권 문제에 여지를 남기겠다는 것이었다. 문제는 계속 독도 문제에 관해 평행선을 달리던 한일 양국이 왜 돌연 '교환 공문'에 대한 교섭을 시작했을까 하는 점이다.

'독도 밀약'은 사실이었을까

그런데 어쩌면 바로 이 부분을 설명해줄 수 있을 것 같은 증언이 최근에 등장했다. 바로 '독도 밀약설'이다.

이 얘기가 나온 이후 인터넷에서는 '독도 밀약'에 대해 "박정희가 한일회담 때 독도를 팔아먹었는데 그 문서가 없어졌다더라"라는 등의 유

언비어가 난무했다. 도대체 무슨 밀약이 이뤄졌다는 것일까? 정치경제학 박사 노 대니얼이 2007년에 밝힌 취재 내용에 따르면, 한국 국무총리 정일권丁一權과 일본 건설대신 고노 이치로 사이에 막후 협상이 이뤄졌다는 것이다. 정일권과 고노를 연결하는 역할을 한 사람은 김종필의 형인 김종락金鍾珞(대한야구협회 회장·대한체육회 부회장 등 역임)과 〈요미우리신문〉 서울 특파원 시마모토 겐로嶋元謙郎였다는 얘기다.

1965년 1월 11일 성사된 이 밀약의 핵심 내용은 이런 것이었다고 한다. "독도 문제는 해결하지 않는 것을 해결한 것으로 간주한다. 따라서 조약에는 언급하지 않는다." 구체적인 내용으로는 다음과 같은 네 개 항목이 적혀 있었다고 한다.

①독도는 앞으로 한일 양국 모두 자국의 영토라고 주장하는 것을 인정하고, 동시에 이에 반론하는 것에 이의를 제기하지 않는다.
②장래에 어업 구역을 설정하는 경우 양국이 독도를 자국 영토로 하는 선을 획정하고, 두 선이 중복되는 부분은 공동 수역으로 한다.
③현재 한국이 점거한 현상을 유지한다. 그러나 경비원을 증강하거나 새로운 시설의 건축이나 증축은 하지 않는다.
④양국은 이 합의를 계속 지켜나간다.

문제는 증언만 있을 뿐 이 문서의 존재를 확인할 수 없다는 것이다. 김종락은 1980년 신군부가 권력을 잡은 뒤 전두환의 기세가 두려워

밀약이 쓰인 종이를 불태워버렸다고 한다. 남아 있는 문서가 확인되지 않기는 일본도 마찬가지다. 일본 정부는 이 밀약에 대해 공식적으로 부인하고 있다.

학계에서 드물게 이 문제에 대해 연구한 최장근 대구대 교수(일본학)는 2010년 논문 「현 일본 정부의 '죽도 문제' 본질에 대한 오해: 독도밀약설과 한일협정 비준국회의 논점을 중심으로」에서 "비밀문서의 법적 구속력은 없고, 한일협정에 있어서 독도 문제는 한국의 의지대로 실효적 지배에 의한 영토 주권의 방해를 받지 않았다"고 분석한다. 김영삼 정부 시절 독도에 접안 시설을 설치했을 때 일본의 항의에도 불구하고 완공됐다는 점은 설사 '독도 밀약'이란 것이 실제로 존재했다 해도 이후의 한일 관계사에서 효력을 미치지 못했음을 의미한다는 것이다.

일부에선 '독도 밀약' 같은 비밀 조약은 국제법상 효력이 없으며, 대한민국이 독도를 점유하고 있는 한 '독도 밀약'이 일본에 유리한 증거가 될 수 없다는 시각도 있다. 밀약의 1조라고 알려진 내용은 지금과 같은 상태에서 한국의 독도 영유권을 사실상 승인하는 것에 불과하다는 얘기다.

최희식 교수는 "독도 밀약이 존재했다 하더라도 실제로 당시 한일 교섭 당사자에게까지 그 내용이 전달됐다고 보기는 힘들다"고 말한다. 만약 전달됐다면 외교문서에서 그 존재를 의심할 만한 내용이 공개됐거나 그 정황을 의심케 할 만한 부분이 비공개로 처리됐을 것이지만,

그런 게 전혀 없다는 것이다. "독도 밀약이 존재했다면, 그것은 정치 상층부 내의 암묵적 합의에 머물렀을 뿐이지, 한일 외무 관료에까지 침투된 것이라고 보기는 힘들다"는 분석이다. 다만 한일 양국의 최고 지도자들이 독도 영유권 문제에 대한 '잠정적 타결'을 추구해 국교 정상화의 걸림돌을 제거하고자 하는 정치적 결단을 내렸으리라는 개연성은 존재했으리라는 것이다.

"한국의 집요한 침묵이 독도를 지켰다"

그런 배경에서 나온 것이 바로 '분쟁 해결에 관한 교환 공문' 교섭이었다. 1965년 6월 22일에 발표된 공문의 내용은 이랬다.

> 달리 규정이 있는 경우를 제외하고, 양국 간의 분쟁은 우선 외교상의 경로를 통하여 해결하기로 하며, 이에 의하여 해결할 수 없을 경우에는 양국 정부가 합의하는 조정 절차 또는 중재 절차에 의하여 그 해결을 도모하기로 한다.

'독도'라는 말은 어디에도 없었다. 독도 문제를 언급하지 않으려는 한국측의 강경한 입장이 반영된 것이며, 구체적으로는 이동원李東元(1926~2006) 외무장관이 끝까지 일본측을 압박한 결과였다. 그는 "이 문제가 해결되지 않는다면 (기본 조약에 대한) 서명을 연기해도 좋다"는 입장이었다. 결국 언론 발표 시점 직전에서야 사토 에이사쿠佐藤榮作(1901~1975) 총리의 정치적 결단으로 '독도'를 뺐다.

이것은 무슨 의미였을까?

한일 기본 조약이 가조인된 6월 22일 당일에 주일대사가 본국에 보낸 긴급 전보에는 이런 내용이 있다.

> 이상과 같이 양해 사항을 한 것은 일본이 종래에 주장한 독도라는 문구 삭제를 통해 독도 문제 해결을 위한 것으로, 당초 일본이 요구하였던 절차상 합의에 대한 시간적 구속, 법적 구속, (상대국 제소) 결정에 대한 (아측의) 복종 의무 등을 완전히 해소시킨 것임.
>
> 따라서 아국의 합의가 없는 한 중재 수속은 물론 조정 수속도 밟지 못하게 되는 것이며, 독도 문제의 해결은 실질적으로 아측의 합의 없이는 영원히 미해결의 문제로 남게 되는 것임.

하나 더 있다. 한국측 외교문서인 「이동원 외무부 장관 일본 방문 1965」는 이렇게 기록했다. "교환 공문에서 말하는 '양국 간의 분쟁'에 독도 문제가 포함되지 않으며, 장래에 있을 분쟁만을 의미하며, 우리 정부가 장래의 문제만을 의미한다고 주장할 경우 이에 대하여 반박하거나 이의를 제기하지 않을 것임을 사토 수상으로부터 보장받았다."

그러니까, 한일회담 이후 일본이 그 어떤 말로 독도가 자기들 땅이라고 주장한다 해도, 결과는 '뒷북'이 될 뿐이었다.

〈아사히신문〉은 1965년 6월 22일 자에서 이런 논평을 했다.

"일본이 상당히 무리를 한 면이 많다. 다케시마는 그 예다. 일본은 그동안 '여러 현안 일괄 해결'이라는 기본적 입장에 서서 국제사법재판소 제소를 주장했으나 한국이 전면적으로 반대했기 때문에 제3국 알선, 조정으로 태도를 바꿔 더욱 그것을 완화해 '그전 단계로 외교 교섭을 둔다'는 데까지 양보했다.

그러나 한국은 다케시마는 한국의 영토이므로 귀속 문제는 한일 교섭의 대상이 될 수 없다는 강한 태도로 일관했다. 이 때문에 일본은 양국의 합의 문서 속에 '다케시마'라는 글자를 넣는 것은 물론 경도와 위도로 섬의 위치를 명시하는 것마저 단념했다. 게다가 '다케시마'라는 단어를 제외해 '양국 간의 미해결 현안'이라는 일반적인 표현으로 양보해 다케시마 문제에 대한 한정된 형태의 합의조차 하지 못했다.

결국 합의를 본 것은 '양국 간에서 일반 분쟁에 관해 특히 해결 방법이 별도로 정해진 것 외에는 분쟁 처리에 관한 원칙에 의해 해결한다'는 일반적 분쟁 처리라는 결정이다. 정부가 그동안 국회 답변으로 되풀이한 '다케시마 문제에 대해 해결의 전망을 확실히 한다'는 내용과는 상당히 먼 결과가 됐다.

이것으로는 한국이 다케시마는 한국 영토라는 태도를 견지하는 한 실제로 분쟁을 해결할 수 있는 전망은 극히 작다고 하지 않을 수 없다."(호사카 유지, 『독도, 1500년의 역사』에서 재인용)

아주 날카로운 지적이었다.

〈아사히신문〉을 읽는 일본 정치인들과 관료들이 뒤늦게 가슴을 치는 모습이 보이는 듯하다.

결국 한일회담은 일본의 의도와는 달리 '한국의 독도 실효적 지배'를 더욱 고착화했고, 일본이 이를 타개할 모든 방법을 봉쇄해버렸다. 끝까지 회담에서 독도 문제가 나오지 않도록 함으로써, 일본으로선 지금까지도 당장 실질적인 효력이 없는 '독도 도발'밖에는 달리 할 수 있는 것이 없는 상황이 된 것이다. 아무리 일본이 도발을 해도 '독도가 대한민국의 영토'라는 사실은 흔들리지 않았다. 호사카 유지 교수는 "1965년 6월 22일 일본 정부는 사실상 독도 영유를 포기했다"고 평가했다.

한국의 집요한 침묵이 독도를 지킨 셈이다.

물론 이것은 향후 일본측이 반발할 여지를 남겼다는 점에서 큰 약점을 지닌다. '일본이 자꾸 독도가 자기들 땅이라고 억지를 부리는 것은 1965년 한일 기본 조약 때 독도가 어느 나라 영토인지 명백히 밝히지 않았기 때문'이라는 일각의 주장은 일리가 있다. 하지만 과연 그때 독도를 한일회담의 의제로 올렸다면 과연 독도를 한국 영토로 지킬 수 있었을까? '실효적 지배'도 굳히는 동시에 '일본의 반발'도 차단할 묘수가 과연 있었을까? 여기까지 생각이 미친다면, 아쉬움은 남더라도 당시의 일을 비난만 하는 게 꼭 현명하지는 않다는 걸 깨닫게 될 것이다.

맹자는 '무항산無恒産 무항심無恒心'이라고 했다. 물질적인 토대가 갖춰지지 않은 상황에서는 정책이나 이념이나 사상 같은 것을 논의하는 일이 사실상 공허하다는 뜻이다. 컴퓨터나 스마트폰이 없는 사람이 인터넷에 대해 논의할 수 없고, 자동차가 없는 사람이 내비게이션을 쓸 리가 없다.

만일 1952년의 평화선 선포와 독도 영유권 확보가 없었다면, 그래서 일본이 독도에 대한 '실효적 지배'를 먼저 했다면, 한일회담을 앞두고 독도를 의제에 올리자고 집요하게 주장했을 쪽은 한국이었을 것이며, 그것은 대단히 공허한 논의가 됐을 가능성이 크다. 한일회담을 전후한 한국의 집요한 '침묵 정책'이 독도를 지켰다고 말할 수 있다면, 그것은 우리의 영토 주권을 지키려고 했던 선구적인 노력에서 비롯됐다고 말하지 않을 수 없다.

일본의 '독도 침탈 6단계 전략'

한국과 일본의 '독도 분쟁'을 독도의 '실질적인 영유권'을 놓고 벌이는 분쟁으로 본다면, 그 게임은 이미 1965년에 종료됐다. '전쟁을 제외한 어떤 방법'을 쓰더라도 '한국의 실효적 지배'라는 현상황을 뒤엎을 가능성은 희박하다. 실제로 지난 50여 년 동안 일본은 부단히 독도가 자국 영토라는 선전, 선동, 교육, 망언을 반복했고, 그때마다 한국은 불쾌해하거나 맞대응하는 일이 반복돼왔다.

하지만 '군사적 위기를 야기하는 행동'이라면 얘기가 달라진다. 이 점에서 주목해야 할 분석이 국제관계학 전공 배진수 박사가 2007년 분석해 발표했던 '일본의 독도 침략 6단계 전략'이다. 그는 "세계 다른 지역의 분쟁 사례에 비춰볼 때, 일본은 6단계의 '독도 침탈 시나리오'를 짜놓고 있는 것으로 보이고, 지금은 이미 2단계에 와 있으며, 곧 3단계로 진입할 가능성이 있다"고 본다.

독도의 분쟁화를 바라는 일본의 계획을 모두 6단계로 볼 수 있다는 것이 그의 분석이다. 그것은 ①명분 축적용 독도 영유 주장 계속 ②독도 문제 본격화 추진 여건 조성 ③독도 문제 유엔총회 상정 추진 ④군사 위기 야기 후 유엔 안보리 개입 유도 ⑤독도 문제의 국제사법재판소ICJ 회부 ⑥패소국의 ICJ 판결 불복과 그 이후의 군사 분쟁화다.

지금까지는 1단계와 2단계에서 움직여왔지만 곧 그다음 3단계의 행동이 예상된다는 것이다. 여기에 해당되는 사례로는 프랑스와 마다가스카르 사이에 있었던 모잠비크해협 네 개 도서 분쟁이 있다. 1960년 마다가스카르가 독립할 때 반환을 요구하면서 영유권 분쟁이 시작됐고, 마다가스카르는 이 문제를 유엔총회에 상정했다. 그 결과 유엔총회는 1980년 특별정치위원회 결의에서 '영유권이 마다가스카르에 있음'을 분명히 밝히고 이후 프랑스의 협의 이행을 촉구했다.

반면 1965년에 유엔총회에서 다뤄진 영국·아르헨티나 사이의 포클랜드 분쟁의 경우는 '협의에 따른 평화적 해결'이라는 원론적인 대안이 제시되는 데서 그쳤다. 배진수 박사는 "일본 내의 우경화 분위기가 무르익고 유엔에서 일본의 지위가 충분히 상승됐다고 판단하면, 일본은 곧바로 독도 문제의 유엔총회 상정을 시도할 가능성이 높다"고 했다.

4단계의 사례로는 그리스와 터키 사이의 에게해 도서 영유권 분쟁이 있다. 1976년 터키의 조사탐사선이 그리스 영해를 침범해 양국이 군사적 충돌 직전까지 갔는데, 이처럼 '조사탐사선의 영해 침범'은 국제 도서 분쟁에서 전형적인 모습이 돼버렸다는 것이다. 그해 8월 그리스는 유엔 안전보장이사회의 소집을 유도, 이 문제를 ICJ에 제소하는 결의안을 통과시켰다. 하지만 터키는 ICJ 제소를 계속 거부했다.

이제 5단계에서 양국 합의에 따라 ICJ 상정이 이뤄질 경우, 한국·일본 어느 쪽이든 패소한 당사자가 불복하는 6단계가 예상된다. 여기에 해당하는 것이 칠레·아르헨티나 사이의 비글Beagle해협 도서 분쟁이다. 1977년 ICJ는 이 섬들이 당시 점유국인 칠레 영토인 것으로 확정했지만 아르헨티나는 승복하지 않았고, 1978년 무력 충돌이 일어났다. 6단계의 다음 단계로는 자칫 이런 결과가 초래될 수 있다고 배 박사는 예상했다.

대책은 부엇일까? 정부가 관련 자료를 공개하고 학자들은 새로운 연구에 매진하는 동시에, 미국이 한국의 입장을 지지할 수만은 없다는 사실을 똑바로 인식해야 한다는 것이다. 또한 중일 사이의 댜오위다오釣魚島(센카쿠) 분쟁에서 중국을 지지하고, 러일 사이의 북방 도서 분쟁에서 일본을 지지해 영유 논리의 일관성을 유지하며, 일본의 무력 도발에 항상 대비할 필요가 있다는 것이 그의 주장이다. 필자로선 100퍼센트 공감하는 것은 아니지만, 경청해야 할 대목이 적지 않다.

제4장

'실전!' 독도 논쟁 10라운드

1500년에 이르는 '한국 땅 독도'의 역사 서술에 이어, 실제로 일본인(또는 독도가 일본 땅이라고 주장하는 한국인)을 만났을 때의 실전 논쟁의 예를 제시해본다. 지금까지 살펴본 것과 같이, 무조건 '독도는 한국 땅'이라고 목소리 높여 주장하거나 저들의 주장에 무조건 '아니다'라고 반박할 것이 아니라, '왜' 독도가 한국 땅인지 논리와 근거를 갖춰 차분하게 반박하면 상대방은 더이상 할말이 없게 될 것이다. 이제부터 일본 외무성 홈페이지에 실린 팸플릿 '다케시마 문제에 관한 10개의 포인트'를 통해, 독도 문제에 대해 논쟁하는 한국인과 일본인의 가상 대화 형식으로 하나하나 저들의 논리를 반박해보겠다. 저들이 이 팸플릿에 만들어놓은 논쟁의 장場 자체가 저들에게 유리한 것처럼 보이는 틀로 설정돼 자칫 말려들 위험성이 없지 않으나, 그 허점을 파악한다면 충분히 반박 가능한 사안들이다.

①일본은 예부터 독도의 존재를 인식하고 있었나?

일본인의 주장: 일본은 옛날부터 다케시마(독도)의 존재를 인식하고 있었습니다. 이것은 각종 지도와 문헌으로부터 확인할 수 있습니다. 현재의 다케시마는 일본에서 일찍이 '마쓰시마松島'로 불렸으며, 반대로 울릉도는 '다케시마' 또는 '이소다케시마磯竹島'라고 불렀습니다.

한국인의 반박: 한반도와 일본 사이에 있는 섬을 굳이 '오래전부터 인식하고 있었다'며 별 특별할 것 없는 사항을 가장 먼저 주장하는 데는 뭔가 이유가 있겠지요. '한국은 일본과 달리 독도를 인식하지 못하고 있었다'는 속뜻이 있는 것으로 짐작되는군요. 하지만 이 점은 조금 뒤에 다시 반박하겠습니다. 오랜 시간이 지나면서 한 섬의 지명이 바뀌는 일이야 많지만, 어떻게 두 섬의 이름이 서로 바뀌는 일이 일어날 수 있나요? 이것은 이 섬들의 존재에 대해 제대로 인식하지 못했고, 더구나 자국 영토로는 전혀 인식하지 못하고 있었다는 방증입니다.

또하나, 울릉도와 독도라는 두 섬이 항상 쌍으로 일본측 문헌에 등장한다는 사실을 그냥 넘겨선 안 됩니다. 독도는 늘 울릉도의 부속 도서로 인식하고 있었다는 것이지요. 한 섬을 죽도竹島라고 하고 다른 한 섬을 송도松島라고 하는 것은 일본어의 관용적 표현에서 '송죽松竹'이 한 단어가 되는 것과 관련이 있습니다. 울릉도가 '죽도'인 이상 독도는 '송도'가 되는 것이지요. '예로부터 독도를 일본 땅으로 인식했다'면 독도는 울릉도가 아니라 오키 섬의 부속 도서로 인식했어야 하지만 그런 문헌은 전혀 없어요. 시간이 흐르면서 어처구니없게도 네덜란드인 필리프 프란츠 폰 지볼트가 1840년 낸 〈일본과 그 주변도〉에서 '다케시마'와 '마쓰시마'의 위치를 잘못 그렸기 때문에 죽도였던 울릉도는 송도로, 송도였던 독도는 죽도로 둔갑하게 된 것이지요. 이 때문에 대나무가 없는 독도가 '죽도'가 되는 우스운 일이 벌어지게 된 것입니다. 자기 나라가 아니라 남의 나라 영토였기 때문에 인식의 혼란이 생긴 결과입니다. 다케시마와 마쓰시마 얘기는 하면 할수록 당신들에게 불리할 뿐입니다. 심지어 20세기 초에는 아예 서양에서 부른 이름을 따다 독도를 '량코도'라고 불렀어요. 당신들은 옛날부터 인식하고 있었던 땅에 서양 이름을 붙여서 쓰나요?

일본인의 반박: 경위도선을 표시한 일본 지도로서 가장 대표적인 나가쿠보 세키스이의 1779년 〈개정 일본여지노정전도〉 같은 문헌은 울릉도와 다케시마를 정확하게 표시하고 있습니다.

한국인의 2차 반박: 또 예를 잘못 들었군요. 당신이 말한 〈개정 일본여지노정전도〉를 일본 외무성 홈페이지에서는 지도상에 보이는 모든 땅을 채색한 판본으로 올려놓았기 때문에 그걸 보는 사람들은 '아, 그런가?' 할지도 모르겠군요. 하지만 이 지도의 1779년 원본은 어떻게 돼 있는지 혹시 아십니까? 울릉도와 독도는 일본의 다른 지역과 달리 색을 칠하지 않은 하얀 땅으로 표시됐어요. 왼쪽에 일부만 조금 보이는 조선 본토 역시 색을 칠하지 않았지요. 두 섬에는 경위도선이 그려지지도 않았습니다. 일본 섬이 아니라 한국 섬이란 얘기지요. 이것이 민간에서 나온 사찬私撰 지도라서 그렇다고 할지 모르겠지만, 관찬官撰 지도도 마찬가지입니다. 러시아 지도를 그대로 본떠 1876년 당신들 해군성에서 낸 〈조선동해안도〉는 조선의 동해안을 그리면서 울릉도와 독도를 같이 그렸습니다. 친절하게 독도의 측면도까지 그려가면서요. 정리하겠습니다. 네, 일본에서 예로부터 두 섬을 '인식'하고 있었던 것은 맞아요. 타국 영토로서 인식하고 있었던 것이지요.

②한국은 독도의 존재를 모르고 있었다고?

일본인의 주장: 한국이 예부터 다케시마, 아, 그러니까 독도를 인식하고 있었다는 주장은 근거가 없습니다. 『삼국사기』, 『세종실록지리지』, 『신증동국여지승람』 같은 문헌의 기술을 근거로 '울릉도'와 '우산도'라고 나오는 두 개의 섬 중에서 '우산도'가 현재의 다케시마라고 주장하고 있지만, 『삼국사기』를 보면 서기 512년 우산국이었던 울릉도가 신

라에 귀속됐다는 기록은 있지만 '우산도'에 대한 언급은 전혀 없습니다. 우산도는 울릉도의 다른 이름이거나 가상의 섬입니다.

한국인의 반박: 『세종실록지리지』에까지 관심을 가져주셔서 무척 감사합니다. 조선왕조실록은 매우 방대하고 훌륭한 세계기록유산이니 앞으로도 많은 관심을 가져주시길 부탁드립니다. 한국에 현존하는 역사서 중 가장 오래된 책인 『삼국사기』에는 신라의 이사부가 우산국을 정벌했다는 기록만 나올 뿐, 그 '우산국'이 울릉도 외에 정확히 어느 섬들로 구성됐는지는 나오지 않습니다. 그런데 그 우산국을 구성하는 섬이 어디인지 오늘날 우리가 어떻게 알 수 있을까요? 바로 1454년의 『세종실록지리지』를 통해서입니다. 여기에 '우산국'이 어떻게 이뤄진 섬인지 기록돼 있습니다. "우산도와 무릉도라는 두 섬은 울진현의 정동쪽 바다 가운데 있다. 두 섬은 서로 멀리 떨어지지 않아, 날씨가 맑은 날에는 바라볼 수 있다." 그다음에 정말 중요한 문장이 나옵니다. "신라 때는 우산국이라 불렀다."

우산국은 무릉도와 우산도라는 두 섬으로 이뤄졌다는 것입니다. 좀더 쉽게 도식화하자면 '무릉도+우산도=우산국'이 됩니다. 무릉도가 울릉도라는 데 별 이의가 없다면, 울릉도를 기준으로 '날씨가 맑은 날에는 바라볼 수 있고, 날씨가 맑지 않으면 보이지 않는 섬'은 단 하나, 독도뿐입니다. 지금 혹시 한국인이 강릉에서 178킬로미터 떨어진 울릉도까지는 항해했어도 거기서 채 90킬로미터도 되지 않는 독도는 아예 존재조차 몰랐다고 말하려는 겁니까? 서기 512년부터 1905년까지요?

일본인의 반박: 맑은 날에만 보인다는 그런 섬이 실제로 존재할 수 있습니까? 굳이 '날씨가 맑은 날'이란 단서를 붙인 것은 그 섬이 상상의 산물이라는 얘기 아닐까요? 아니면 울릉도 동쪽에 있는 관음도나 죽도를 묘사한 것으로 보입니다만.

한국인의 2차 반박: 『세종실록지리지』의 기록은 상상의 산물이 아니라 실제로 존재하는 섬에 대한 기록이었습니다. 독도는 실제로 울릉도에서 맑은 날에만 볼 수 있고, 그렇지 않은 날에는 아무리 높은 곳에 올라가도 볼 수 없는 섬입니다. 사실에 근거한 15세기 사람들의 지리적 기록입니다. 이것을 상상이라고 생각하는 것 자체가 상상의 산물일 뿐입니다. 17세기의 학자 박세당이 쓴 「울릉도」를 보면 "두 섬은 그다지 멀지 않아 한번 큰바람이 불면 닿을 수 있는 정도다. 우산도는 지세가 낮아, 날씨가 매우 맑지 않거나 최고 정상에 오르지 않으면 보이지 않는다"고 썼습니다. 이것은 울릉도에서 가까운 관음도나 죽도에 대한 서술로 볼 수 없습니다. 1770년 『동국문헌비고』와 1808년 『만기요람』 같은 기록에는 "울릉도와 우산도는 모두 우산국의 땅이며, 우산도는 일본인들이 말하는 송도松島"라고 기록했습니다. 송도는 당신들이 말하는 '마쓰시마'가 분명하지요.

일본인의 2차 반박: 그건 안용복이라는 사람의 신빙성 낮은 진술을 조선측에서 무비판적으로 받아들인 결과가 아닙니까?

한국인의 3차 반박: 안용복이 사기꾼이라는 것은 당신들 생각이고, 조선 정부는 안용복에게 죄를 주는 과정에서 '감형 사유'로 공功을 인정했습니다. 다시 말해 안용복이 울릉도와 독도에 관해 일본측에 진술한 내용이 사실이라고 조선 정부가 공인한 것이죠. '민간인이 감히 외국에 나가 허가받지 않은 행동을 했다'는 것이 죄목이었지, '우리 땅도 아닌 섬을 우리 섬이라고 거짓 진술했다'는 문책은 받지 않았습니다.

일본인의 3차 반박: 조선 고지도를 보면 우산도가 독도였다는 것을 믿을 수 없습니다. 『신증동국여지승람』에 첨부된 지도에는 우산도가 울릉도의 동쪽이 아니라 서쪽에 그려져 있습니다. 이게 말이 됩니까? 우산도는 실제로 존재하지 않는 섬인 것으로 보입니다.

한국인의 4차 반박: 16세기 고지도에 구글 지도 수준의 정확성을 요구하려는 겁니까? 『세종실록지리지』 같은 문헌에는 우산도가 울릉도 근처에 있다는 것만 밝혀져 있을 뿐, 위치 정보까지는 기재되지 않았습니다. 『신증동국여지승람』에 수록된 〈팔도총도〉에 우산도의 위치가 잘못 그려진 것은, 울릉도에 주민을 거주하지 못하게 하는 조선 정부의 '쇄환' 정책에 의해 해당 지역의 실제 정보가 부족했기 때문입니다. 하지만 관찬과 사찬 지도 모두 동해의 '두 섬', 울릉도와 독도를 함께 그렸습니다. 이는 '울릉도의 부속 도서로서 조선 영토의 일부'였던 독도의 존재를 분명히 인식하고 있었다는 뜻이지요. 일본측 문헌에서 '죽도와 송도'가 한 쌍으로 등장했듯, 조선측 문헌에서도 '울릉도(무릉도)와 우산도'는 항상 한 쌍으로 표시됐습니다. 18세기부터는 '우산도가 울릉도의 동쪽에 있다'는 올바른 방향 정보가 지도에 반영됩니다. 울릉도에서 빤히 육안으로도 보이는 섬의 존재를 20세기까지도 한국에서 인식하지 못했다는 주장은 한국을 지나치게 비하하는 것 아닙니까?

일본인의 4차 반박: 울릉도 높은 곳에 올라가면 독도가 보인다고요? 믿을 수 없습니다. 증거가 있습니까?

한국인의 5차 반박: 인터넷에 들어가셔서 '울릉도에서 본 독도 사진'을 검색해보세요. 주르륵 뜰 겁니다. 혹시 한글을 모르신다면 제가 도와드리지요.

③일본이 17세기 중엽에 '독도 영유권'을 확립했다고?

일본인의 주장: 1618년, 이건 1625년이라는 설도 있는데요, 돗토리번 요나고의 오야가家와 무라카와가는 막부로부터 울릉도로 갈 수 있다는 '도해 면허'를 취득했습니다. 양가는 쇼군 가문의 접시꽃 문양을 새긴 깃발을 달고 울릉도에서 어업에 종사했고, 막부의 공인하에 울릉도를 독점적으로 경영했습니다. 이 기간 중에 오키 섬에서 울릉도에 이르는 길에 위치한 다케시마를 배의 중간 정박지로서 자연스럽게 이용하게 됐습니다. 이렇게 일본은 늦어도 에도 시대 초기에 해당하는 17세기 중엽에는 다케시마에 대한 영유권을 확립했습니다.

한국인의 반박: 울릉도를 '경영'했다고요? 이것 참, '한반도를 경영'한다거나 '대동아를 경영'한다는 20세기 전반 제국주의 침략기의 말투가 보이는군요. 이건 조금 뒤에 다시 얘기하기로 하고, '도해 면허를 취득했으니 우리 땅'이라는 말이 얼마나 어처구니없는 주장인지부터 말씀드리죠. 상식적으로 생각해볼 때, 자기 나라 땅에서 자기 나라 땅으로 간다면 도대체 왜 면허가 필요합니까? 더구나 이 '도해 면허'는 1696년 1월 "원래 면허를 주면 안 되는 일이었다"며 일본 스스로 철회했다는 것이 중요합니다. 에도 막부의 '다케시마 도해 금지령'이었죠. 돗토리번이 "다케시마는 이나바 및 호키에 부속하는 섬이 아니다"라는 답변서를 제출했고, 막부는 "다케시마는 조선국의 땅일 것"이라고

판단했습니다. 그래서 다케시마, 즉 울릉도로 건너가는 것은 잘못된 일이었다며 금지했던 것입니다. 이것은 '울릉도와 독도는 일본 고유의 영토가 아니다'라는 결정이었습니다. 왜 이 사실은 감추는 겁니까?

일본인의 반박: 일본 외무성 홈페이지에서는 '막부가 울릉도나 다케시마를 외국 영토로 인식하고 있었다면 쇄국령을 발하여 일본인의 해외 도항을 금지한 1635년에는 이 섬들에 대한 도항 역시 금지했을 텐데, 그 당시 그러한 조치는 취해지지 않았다'고 밝혔습니다. 이쯤 되면 자국 영토라는 뜻 아닙니까?

한국인의 2차 반박: 그러니까 1696년 1월에 그 모든 것을 뒤집고 바로잡는 '도해 금지령'이 나온 것 아닙니까? 이 점은 분명히 말씀드렸습니다. 그리고 참으로 놀라운 일이군요. 저 외무성 홈페이지의 말은 '울릉도 역시 일본의 고유 영토'라는 속내를 그대로 드러내고 있는 것 아닙니까? 그러니까 당신들의 '고유 영토론' 논리를 그대로 따라가면 "울릉도도 일본 땅"이라는 결론에 도달하게 되는군요. 당신들이 정말 바라는 것이 그것입니까? 독도뿐 아니라 울릉도도 빼앗으려는 거지요?

일본인의 2차 반박: 그건…… 아무리 그래도 그렇게까지야……

한국인의 3차 반박: 일본 외무성이 1947년 낸 선전용 팸플릿 「일본 본토에 인접한 작은 섬Minor Islands Adjacent to Japan Proper」의 4부에 이런 말이 나옵니다. "한국 정부(조선왕조)는 1400년대 이래로 오랫동안 이 섬에 대한 공도空島 정책을 고집해왔다. 이렇게 됨으로써 이 섬이 한국 정부에 의해 실질적으로 포기되자, 일본인 상당수가 이 섬에 무상출입을 계속했으며, 1592년 도요토미 히데요시의 한국 원정(임진왜란을 일본측에서 표현하는 말입니다)은 이 지역에서 일본인 활동을 급증케 했고, 그후 약 1세기 동안 이 섬은 모든 면에서 일본 어업 기지로 남아 있었다." 이래도 발뺌하시는 겁니까?

그리고 하나 더, 중요한 포인트니까 잘 들으세요. 이 '17세기 고유 영토론'은 독도와 관련한 당신들 주장에서 논리적으로 전혀 앞뒤가 맞지 않습니다. 1905년 시마네현이 독도를 편입할 때의 논리는 '무주지無主地 선점론', 즉 '주인 없는 땅이라서 먼저 점유한다'는 것이었습니다. 일본 고유 영토인데 주인 없는 땅이라니요? 이게 말이 됩니까? '17세기 고유 영토론'과 '무주지 선점론'은 도저히 양립할 수 없는 논리이니 둘 중 하나는 즉각 폐기하는 것이 당신들한테 오히려 도움이 될 겁니다.

④독도 도항은 금지하지 않았다고?

일본인의 주장: '다케시마 도항 금지'는 울릉도로 건너가는 걸 금지한

것이지, 다케시마, 아, 그러니까 그때의 다케시마인 울릉도가 아니라 지금의 다케시마로 가지 말란 것은 아니었습니다. 이걸 보더라도 당시부터 일본이 다케시마를 자국 영토로 생각하고 있었음은 분명합니다.

한국인의 반박: 아직도 '17세기 고유 영토론'을 포기하지 못했나보군요. 자, 들어보세요. 실제로 1696년 도해 금지령이 내려진 뒤로 19세기 말까지 일본 어민이 독도로 건너온 사례는 크게 줄어듭니다. 금지령이 독도까지 효력을 발했다는 것이지요. 17세기 당시 일본측에서 건너오려 했던 곳은 울릉도이지, 오직 독도만을 목표로 도항한 적은 없었습니다. 당시 막부의 질문에 대한 돗토리번의 답변서에서도 이 사실은 분명히 드러납니다. "마쓰시마(독도)에 고기 잡으러 가는 것은 다케시마(울릉도)로 가는 길에 그 섬이 있기 때문"이라고 했죠. 돗토리번은 또 '다케시마(울릉도) 외 돗토리번에 부속된 섬이 있는가'라는 에도 막부의 질문에 "다케시마(울릉도), 마쓰시마(독도)는 물론 그 밖에 부속된 섬이 없다"고 회답했습니다. 당시 일본의 모든 기록에 독도는 울릉도의 부속 도서로 등장하지, '마쓰시마'라는 섬이 단독으로 등장하는 예는 찾아볼 수 없습니다.

예를 들어볼까요? 1667년의 일본측 문서 「은주시청합기」는 '울릉도와 독도에서 조선을 보는 것이 일본 해안에서 오키 섬을 보는 것과 같다'면서 '일본의 서쪽 경계지는 오키 섬을 한계로 삼는다'고 했습니다. '다케시마 도해 금지'가 '다케시마'에만 적용되고 '마쓰시마'에는 적용되지 않았다는 것은 역사 왜곡입니다. 도해 금지 조치 이후 계속 독도에 일본인이 건너왔다면 '마쓰시마'와 '다케시마'의 명칭이 서로 바뀌는 혼란스러운 일은 일어나지 않았겠지요. 하나 더 말씀드릴까요? 1836년에 일본 하마다번에 살던 운송업자 이마즈야 하치에몬이란 사람이 도해 금지령을 어기고 울릉도에 갔다가 적발돼서 처형당했습니다. 그를 심문하는 과정에서 작성된 〈다케시마 방각도〉는 울릉도와 독도를 나란히 그렸고, 두 섬은 조선 영토와 같은 색으로 채색돼 있어요. 이래도 '독도는 도해 금지령이 풀리지 않았다'는 의견을 고수하실 겁니까?

일본인의 반박: 일본 정부가 지금의 다케시마가 일본 땅이 아니라고 인정했다는 증거는 없지 않습니까?

한국인의 2차 반박: 아! 정말 질문 잘하셨습니다. 여러 기록이 있지만, 대표적인 것 두 가지만 말씀드리겠습니다. 일본 외무성이 1870년에 작성한 「조선국 교제시말내탐서」에 보면 '다케시마(울릉도)와 마쓰시마(독도)가 조선에 부속하게 된 경위'라는 항목이 나옵니다. 메이지 시대의 일본 관원이 이미 '독도는 조선 땅'이란 사실을 제목에서부터 인정하고 있었습니다.

이제 결정적인 자료를 말씀드릴 테니 마음의 준비를 하시죠. 분명 일본 공식 문서인데 일본인들은 통 모르는 문서입니다. 메이지 유신 이후 내각이 들어서기까지 일본 최고의 국가 기관이었던 태정관에서

1877년 「태정관 지령」을 내립니다. 울릉도가 일본 땅이냐는 내무성의 문의에 태정관이 이렇게 답한 겁니다. "일본해 내 다케시마(울릉도)와 그 외 일도一島는 1692년 조선인이 섬으로 들어간 이래 드디어 본방과 관계가 없어졌다"고 쓴 뒤 "다케시마 외 한 섬 건은 일본과 관계가 없음을 명심할 것"이라고 했습니다. 그 '한 섬'이 어디인지는 첨부한 〈이소다케시마 약도〉에서 아주 친절하게 '마쓰시마'라고 가르쳐줬습니다. 독도죠. 더이상의 결정적인 증거가 필요합니까? 다른 할말이 있나요?

⑤안용복의 진술을 믿을 수 없다고?

일본인: 한국측이 독도 문제에서 곧잘 인용하는 안용복이라는 인물의 진술 내용은 믿을 수 없습니다. 국법을 위반해 국외로 도항했고 귀국 후에 취조를 받은 인물이라 사실에 합치되지 않는 점이 많아 보입니다. 이런 못 믿을 인물의 말을 근거로 '독도는 우리 땅'이라고 해서야 되겠습니까?

한국인의 반박: 안용복의 진술 중에는 '관백을 만나고 왔다'는 등 착각이나 과장이 섞인 부분이 분명 있습니다. 하지만 이 때문에 그의 진술을 전적으로 믿을 수 없다는 것은 일본측의 희망 섞인 시각일 뿐입니다. 안용복의 활동에 대해서는 조선의 국가 기관인 비변사에서 철

저한 조사가 이뤄졌습니다. 그것을 기록한 조선의 관찬 사서 기록이 진실이 아니라고 한다면 조선왕조실록이 얼마나 치밀한 기록인지 설명해드릴 필요가 있겠군요. 조선왕조실록은 국왕조차 한 글자도 함부로 고치지 못했던 4768만 자의 방대한 공식 기록입니다. 1693년 안용복이 일본에서 '울릉도와 독도를 조선령으로 한다'는 문서를 받았다고는 하나 쓰시마 번주에게 빼앗겼기 때문에 그 물증은 남아 있지 않습니다. 하지만 1696년 1월에 내린 막부의 도해 금지령은 안용복의 활동이 아니었다면 나오지 않았을 가능성이 큽니다. 결과적으로 안용복의 활동이 울릉도와 독도가 조선의 영토로 인정받는 계기가 됐던 것이죠.

다시 한번 말씀드리지만 안용복은 불법으로 외국에 갔다는 이유로 처벌을 받았지만 외교상의 공이 인정되어 감형이 됐습니다. 울릉도와 독도가 조선 영토라는 주장은 당연한 것으로 여겨졌다는 뜻입니다. 더구나 일본에서 2005년 안용복 취조 기록인 「겐로쿠 각서」가 발견된 뒤로 이제 그의 행적이 거짓이라는 기존 일본측의 주장은 상당 부분 무너지게 됐습니다. 이 문서는 조선 팔도의 이름을 쓰면서 울릉도와 독도가 강원도에 소속된 땅이라는 안용복의 진술을 기록하고 있습니다. 당신들이 안용복을 부정적으로 언급할 때도 '안용복의 활동은 믿을 수 없다'에서 '안용복의 진술은 믿을 수 없다'는 쪽으로 미묘한 변화가 보이는군요.

일본인의 반박: 결정적인 부분이 하나 있습니다. 안용복은 1696년

5월 울릉도에서 일본 요나고 주민들을 만났다고 하는데, 도해 금지령은 그 4개월 전인 1696년 1월에 내려졌기 때문에 울릉도에 일본인이 있었을 리가 없습니다. 이것은 거짓말입니다.

한국인의 2차 반박: 그해 1월에 내린 도해 금지령이 정작 요나고 주민에게 전달된 것은 8월의 일이었습니다. 1696년 5월 당시 요나고 주민들은 울릉도와 독도 도해가 금지된 것을 모르는 상태였기 때문에 여전히 울릉도에서 어업 활동을 했고, 그곳에서 안용복과 마주칠 수 있었습니다. 중요한 사실을 하나 더 말씀드리죠. 1696년 일본이 '도해 면허'를 취소하고 울릉도와 독도가 조선 땅이라고 인정했던 것은, 물론 안용복 사건이 계기가 됐지만, 분명히 '울릉도 쟁계'로 알려진 조선과 일본 양국 간 교섭의 결과였다는 사실입니다. 문제의 본질을 자꾸 '안용복은 믿을 수 없다'는 쪽으로 몰고 가선 안 되지요.

⑥1905년 '독도 영유 의사'를 재확인했다고?

일본인의 주장: 일본은 1905년 각의 결정에 따라 '다케시마를 영유한다'는 의사를 재확인했습니다. 오키 섬 주민 나카이 요자부로의 청원을 받은 정부는 시마네현의 의견을 청취한 후 다케시마를 오키 도사의 소관으로 해도 문제없다는 것과 '다케시마'의 명칭이 적당하다는

것을 확인했습니다. 시마네현 지사는 각의 결정 및 내무대신의 훈령에 근거해 1905년 2월 다케시마가 오키 도사의 소관이 됐다는 취지의 내용을 고지했습니다. 당시 신문에도 이 내용이 게재돼 일반인에게도 널리 알려졌습니다.

한국인의 반박: '고유 영토'라고 하면서 1905년에 '편입'했다는 것은 논리적으로 앞뒤가 맞지 않는다는 것은 앞에서 말씀드렸지요. 왜 다른 일본의 '고유 영토'는 똑같은 '편입'이나 '재확인' 절차를 거치지 않았는지 의문입니다. 처음에는 '무주지 선점'이라고 주장했다가 나중에는 '영유 의사의 재확인'으로 말을 바꾼 것은 꼼수에 지나지 않지요. 이 1905년 2월 22일의 '편입 조치'는 러일전쟁중 일본의 한반도 침탈 과정에서 이뤄진 것으로 '한국 침략의 일부'입니다. 일본은 1904년 강제로 체결한 '한일의정서' 4조에서 군략상 필요한 경우 한국의 영토를 마음대로 수용할 수 있도록 했고, 이에 따라 울릉도에 망루를 설치했습니다. '독도 편입' 직후 일본이 한 일은 독도를 군사적으로 점령해 망루를 설치하고 울릉도와 독도 사이 해저 케이블을 설치한 일이었습니다. 그냥 '편입'이 아니라 '군사적 점령'이자 '침략'이었던 것입니다. 부끄럽지도 않습니까?

이 사실을 은폐하기 위해 관련국인 대한제국에 정식으로 알리지 않은 것은 물론, 중앙 관보가 아닌 지방 현보에 슬그머니 게재했습니다. 고시문의 원본은 현재 존재하지도 않지요. 신문에도 게재돼 널리 알려졌다고요? 지방지인 〈산인신문〉 말입니까? '널리 알려진' 것과는 거리가 먼 일이지요. 실제로 '독도 편입' 자체가 일본인들 사이에서 잘 알려지지 않은 일이었기 때문에 1930년대까지도 일본 교과서 지도에 독도가 한국 영토로 표시되는 일도 생겼습니다. 그리고 독도는 분명 1900년 10월 '칙령 제41호'를 통해 대한제국의 영토로 확인된 지역입니다.

일본인의 반박: 아하! 그 '석도石島' 얘기를 하려고 하시는군요. '돌'의 방언이 '독'이어서 '석도'는 '독도'와 같은 말이라는 건 구차한 설명 아닌가요? 아무리 설명을 들어도 이해가 가지 않는데요.

한국인의 2차 반박: 추측이 아니라 송병기 교수를 비롯한 학자들이 치밀한 연구와 고증으로 밝혀낸 사안입니다. 19세기 독도의 명칭은 두 가지 갈래로 분석할 수 있는데, 이를 도식화하면 ①돌 → (한자화 과정) → 석石 → 석도石島 ②돌 → (방언화 과정) → 독 → 독도獨島가 됐다는 것입니다. 특히 당시 울릉도에 많이 살던 전남 남해안 사람들의 방언에서 '돌'을 '독'이라고 했습니다. '독도가 바위지, 왜 돌이냐'는 주장을 하는 분도 있는데, 실제로 현재 전남 고흥에는 '독도', '석도', '독섬'이라는 지명이 모두 있습니다. 다 바위섬입니다. 석도가 독도가 아니라 관음도라고요? '칙령 제41호'에는 울도군수의 관할 지역을 '울릉 전도와 죽도, 석도'라고 했습니다. 이 지명을 적은 것은 관할 지역에서 전개

되는 현지 주민의 사회·경제적 활동을 관할 대상으로 삼고자 했기 때문입니다. 그런데 2012년 울릉도와 다리로 연결돼 도보로 건너갈 수 있을 만큼 근접해 있는 관음도 같은 작은 섬을 굳이 관할 지역으로 거명했다는 것은 이치에 맞지 않습니다. '관음도'가 '석도'로 불렸다는 어떠한 근거도 없습니다.

일본인의 2차 반박: 설사 '석도'가 독도가 맞는다고 해도, 1905년 이전에 한국이 다케시마를 실효 지배한 사실이 없지 않습니까? 한국의 다케시마 영유권은 확립되지 않았던 것입니다.

한국인의 3차 반박: 대한제국 관원이 직접 독도에 갔다는 자료는 아직까지 나오지 않았습니다. 불행히도 1900년을 전후한 정세가 대한제국이 그렇게 치밀하게 지방행정을 운영할 수 있는 상황이었다고 볼 수는 없지요. 지금 웃는 건가요? 제 얘기를 마저 들어보시면 표정이 바뀔 겁니다. 국제법상 '선점occupation'이란 것은 나카이 같은 수산업자가 자의대로 독도에 들어와 어업 활동을 했다고 해서 성립되는 것이 아닙니다. 국가의 행정 행위가 함께하지 않으면 실효적 지배의 요건은 충족되지 않지요. 대한제국은 '칙령 제41호'의 후속 조치로 1902년 '울도군 절목'을 제정했고, 울도군수에게 부여한 과세권은 독도에서 나는 산물도 그 대상에 포함되는 것이었습니다. 1905년 부산의 일본 영사관에서 일본 외무성에 제출한 「울릉도 현황」이란 문서에는, 일본인들이 독도에서 강치를 가져갈 때 대한제국의 울도군수에게 '수출세'를 냈다고 기록돼 있습니다. 자, 이래도 대한제국이 독도를 실효적으로 지배하지 않았다고 할 수 있습니까? 울도군수가 수출세를 받으며 독도에 대한 행정 행위를 한 시점은 분명 1905년 이전입니다.

일본인의 3차 반박: 하지만 대한제국은 일본에 항의 한마디 하지 못했습니다.

한국인의 4차 반박: 근현대 한일 관계사를 다시 좀 살펴보실 필요가 있겠습니다. 1905년 11월 을사늑약으로 한국은 부당하게도 일본에 외교권을 박탈당한 상황이었습니다. 이 모든 것이 일본의 한반도 침략 과정이었던 것입니다. 일본이 비공식적으로 독도 편입을 통고한 것은 을사늑약 뒤의 일이었습니다. 외교권을 박탈당한 나라가 어떻게 '타국에 대한 항의'라는 외교적 활동을 할 수 있다는 말입니까? 당신들 외무성 홈페이지를 보니 천연덕스럽게도 "다케시마는 카이로 선언에서 말하는 '폭력과 탐욕으로 탈취한 지역'에 해당하지 않는다"고 적어놨더군요. 강치를 남획하려는 의도는 탐욕이 아니었고, 해군이 상륙해서 망루를 건설한 것은 폭력이 아니었다는 말입니까? 정말 후세에게 이렇게 교육하려는 겁니까? 같은 아시아인이라는 사실이 부끄러워집니다.

⑦샌프란시스코 강화 조약으로 독도는 일본 땅?

일본인의 주장: 1951년 체결된 샌프란시스코 강화 조약 기안 때 한국은 일본이 포기해야 할 지역에 '다케시마'를 추가하도록 미국에 요청했지만 거부당했습니다. 그리고 미 국무부는 러스크 극동담당 차관보를 통해 "통상 사람이 살지 않는 이 바위섬은 우리의 정보에 의하면 조선의 일부로 취급된 적이 결코 없으며, 1905년경부터 일본의 시마네현 오키 섬 지청의 관할하에 있다"고 했습니다. 1954년 「밴 플리트 보고서」에도 이 같은 내용을 담았습니다. 독도가 일본 땅이라는 사실은 제3국인 미국이 인정한 것입니다.

한국인의 반박: 당초 미국은 독도를 한국의 영토로 인정했습니다. 1948년 6월 오키나와 주둔 미 극동항공대사령부 소속 전투기가 독도를 폭격해 한국 어민이 사망하는 사고가 일어나자, 윌리엄 딘 주한 미 육군사령관은 6월 24일 자로 극동최고사령관에게 「리앙쿠르 암(독도) 폭탄 투하」라는 공문서를 발송했습니다. 여기서 이렇게 썼지요. "이 문서에 의해 약 북위 37도 15분, 동경 131도 50분에 위치한 다케시마 혹은 리앙쿠르 암의 10해리 동쪽 지점에서 정남북으로 흐르는 가상선의 서쪽 남한의 해안에 폭탄 투하 중지를 요청한다." 남한의 미군정은 독도가 일본이 아닌 한국의 영역이라는 사실을 올바로 인식하고 있었습니다. 이는 무엇을 근거로 한 것일까요? 1946년 1월 29일 도쿄에 있

는 연합국 최고사령부의 지령 「SCAPIN 677호」가 그 근거였습니다. 이 지령은 일본이라는 국가의 영역에서 울릉도, 독도, 제주도를 제외했습니다. 그리고 일명 '맥아더 라인'을 그어 일본인이 독도 근해에서 어업 활동을 하지 못하게 막았습니다. 반면 한국 어민들이 독도에서 고기를 잡는 데는 제약이 없었습니다. 이것이 연합국의 최종 결정이 아니라는 설명이 있지만 이것을 뒤집는 어떠한 '스캐핀', 즉 지령이 나온 적은 없었습니다. 그러니까 1946년 1월 29일의 지령으로 독도는 대한민국 영토로 반환된 것입니다.

그런데 1947년부터 일본측이 역사적 사실과 다른 내용을 적은 팸플릿 「일본 본토에 인접한 작은 섬」을 미국측에 배포하며 대대적인 선전을 벌입니다. 「러스크 서한」은 강화 조약을 앞두고 시간이 부족한 상황에서 충분한 자료를 획득하지 못한 미 국무부가 이 같은 일본측의 사실과 다른 정보에 의해 한국에 보낸 비밀 서한일 뿐, 아무런 법적 효력이 없습니다. 「밴 플리트 보고서」에 실린 독도 관련 내용은 새로운 것이 아니라 「러스크 서한」을 그대로 반복한 것에 불과합니다. 설사 당시 미국이 독도를 반환 영토에서 제외하는 데 찬성했다 해도 이것은 연합국 전체의 의견이 아니었습니다. 특히 영국과 호주, 뉴질랜드 등은 독도가 한국 영토라는 의견을 고수했고, 결국 강화 조약 최종안에 '독도'라는 지명은 빠지는 것으로 절충안이 됐습니다. 잘못된 정보에 기초한 미국의 일시적 의견이 전 세계의 의견인 것처럼 사실을 오도해선 안 됩니다. 미국도 1953년 독도 문제에 '불개입'을 선언하며 중립으로 돌아섭니다.

일본인의 반박: 샌프란시스코 강화 조약에서 일본이 반환해야 하는 섬에서 다케시마의 이름은 빠졌습니다. 설마 이것까지 부인하지는 못하시겠죠? 다케시마가 일본 영토임을 인정받았다는 의미입니다.

한국인의 2차 반박: 샌프란시스코 강화 조약은 일본이 한국에 반환해야 할 섬으로 제주도, 거문도, 울릉도를 명기했는데, 이 세 섬이 아닌 한반도 주변 3000여 섬이 모두 일본 땅으로 남는다는 주장은 성립할 수 없습니다. 제주도에서 일본 방향으로 있는 부속 도서 우도가 한국 땅이듯, 울릉도에서 일본 방향으로 있는 부속 도서 독도 역시 한국 땅입니다. 우도가 제주도의 부속 도서이듯 독도는 울릉도의 부속 도서이기 때문입니다. 강화 조약 최종안에서 '독도'를 명기해 일본 땅으로 남기려는 일본측의 로비는 분명히 실패했습니다. 강화 조약의 내용은 독도를 포함해 이미 대한민국에 반환된 섬들을 확인한 것에 불과합니다.

강화 조약이 체결되던 1951년에 이미 일본 스스로 독도를 자국의 행정력이 미치지 못하는 지역, 즉 자국 영토가 아니라고 규정한 '총리부령 24호'와 '대장성령 4호'를 제정해 공표했습니다. 실제 행정에선 현실을 받아들인 것입니다. 1952년 강화 조약 직후에 일본 〈마이니치신문〉이 펴낸 『대일강화조약 해설서』의 〈일본영역도〉에도 독도는 한국 영토로 표기돼 있습니다.

하나 더 말씀드릴까요? 당신들은 이 조약에서 남쿠릴 열도, 당신들이 '북방 4개 섬'이라 부르는 섬들이 러시아의 영토로 인정됐다는 조항은 거부하면서, 아무런 명시적 규정도 없는 독도가 '조약문에 의하면 우리 영토로 확정됐다'며 두 얼굴의 주장을 하고 있습니다. 둘 중 하나만 택하기 바랍니다. 당신들도 그다지 자신이 없는지 외무성 홈페이지에서 샌프란시스코 강화 조약 최종안보다 오히려 「러스크 서한」을 강조하고 있더군요. 러스크는 나중에 한국의 김종필 중앙정보부장과 만나 "나도 독도를 폭파하고 싶었다"고 털어놓았던 인물입니다. 너무 믿지 마세요.

⑧주일미군의 폭격지로 지정받았다고?

일본인의 주장: 제2차세계대전 후의 국제 질서 속에서 다케시마가 일본의 영토로 인정받았던 추가적인 사실이 있습니다. 1951년 7월 「SCAPIN 2160호」에 따라 다케시마는 1952년 7월 미군의 폭격 훈련 구역으로 지정됐습니다. 미일 행정협정에 의해 이 지역이 훈련 구역이 됐다는 것은 바로 다케시마가 일본의 영토라는 것을 보여줍니다.

한국인의 반박: 정말 이렇게까지…… 이건 정말 어처구니없군요. 지

금까지 최대한 감정을 억제하고 반박을 했습니다만, 이번에는 쉽지가 않네요. '독도가 일본 땅이라는 포인트 열 개'라는 숫자를 억지로 채우기 위해 말도 안 되는 주장까지 끼워넣은 건가요? 아니면 이렇게 당신들한테 불리한 얘기까지 꺼낼 필요는 없잖아요. 아, 잠시 좀 진정하겠습니다. (잠시 사이를 두고) 1952년 독도 폭격 사건이 일어난 직후 한국 정부는 공식적으로 미국측에 항의했고, 미국은 이해 12월 독도를 미군 폭격 훈련 구역에서 해제하는 결정을 내렸습니다.

일본인의 반박: 미국이 다케시마에서 폭격 훈련을 중지한 것은 다케시마 주변에서 강치를 잡는 시마네현 주민들의 요청 때문이었습니다.

한국인의 2차 반박: 정말 그랬다면 왜 1953년 2월에 '독도를 폭격 훈련 구역에서 제외한다'는 사실을 한국 정부에 공식적으로 통보했던 것일까요? 1951년에 이미 유엔군 사령부와 미 공군은 독도 상공을 한국의 방공식별구역KADIZ 내에 포함했습니다. 일본 방공식별구역JADIZ에선 벗어나 있었어요. 독도를 주일미군이 사용한다는 것은 여기에 위배된 결정이었습니다. 어떻게 된 건지 아십니까? 일본인 당신들에게 주일미군이 속은 것이지요. 1952년 5월 23일 일본 중의원 외무위원회에서 시마네현 출신 야마모토 의원이 "독도 주변이 연습지로 지정되면 영토권을 일본 것으로 확인받기 쉽다는 생각에서 외무성이 연습지 지정을 바라고 있는가?"라고 질문하자 이시하라 외무차관이 "대체로 그런 발상에서 다양하게 추진하고 있는 것 같다"고 대답합니다. 무슨 뜻인지 아시겠습니까? 독도를 자기 나라 땅으로 만들기 위해서, 자기 나라를 점령하고 있는 군대에 '저 섬을 폭격해달라'고 했던 겁니다! 세상에 어떻게 이럴 수가 있나요? 당신들 정말 제정신입니까?

하나 더 있습니다. 1948년에도 독도에서 미군 비행기가 폭격을 한 적이 있는데, 이 때문에 무고한 한국 어민 14명이 희생됐습니다. 당시 미군 비행기가 뜰 때 평소에 자주 출몰하던 불법 월경 일본 어민들이 그날만은 보이지 않았다고 합니다. 이 역시 일본이 배후에서 공작을 한 것이란 의심이 있습니다. 당신들이 정말 '폭격 훈련을 이용해 우리 땅으로 만들자'는 의도로 그랬던 것이라면, 폭격 훈련을 근거로 '다케시마는 우리 땅'이라고 억지 부리기 전에, 독도에 세워진 그때 억울하게 희생된 어민들의 위령비부터 찾아 용서를 빌어야 마땅합니다! 그 위령비는 독도에 상륙했던 당신들 일본인들이 없앤 것을 최근에 다시 세운 겁니다. 아, 깜빡했군요. 지금은 울릉도와 독도로 가는 배에 일본인을 태우지 않을 겁니다. 나중에 사정이 좋아지면 꼭 한국 배를 타고 울릉도를 거쳐 독도에 가보시기 바랍니다.

⑨한국이 독도를 일방적으로 '불법 점거'했다고?

일본인의 주장: 한국의 이승만 대통령은 1952년 1월 '해양주권선언'을 발표해 이른바 '이승만 라인'을 국제법에 반해 일방적으로 설정하고 다케시마를 포함했습니다. 이후 지금까지 한국 경비대가 불법으로 상주해 시설을 구축했습니다. 한국의 다케시마 점거는 다케시마의 영유권을 지닌 일본의 입장에 비춰 결코 용인될 수 없는 것입니다.

한국인의 반박: 공식 명칭은 '평화선'인데 일본측은 '이승만이라는 한 독재자가 벌인 일'이라는 걸 강조하려는 듯 별칭인 '이승만 라인'을 계속 고수하는군요. 평화선 선포 불과 몇 년 전까지만 해도 한반도 전체를 침탈한 상태였던 일본측에서 그런 말을 하다니 우습습니다만, 일단 제 말을 들어보시죠. 일본이 1905년 한국 땅 독도를 침탈했지만, 한국은 1948년 8월 15일 정부 수립 이후 독도에 '경상북도 울릉군 남면 도동 1번지'라는 주소를 부여하고 주권을 행사했습니다. 연합국이나 일본을 포함해서 이때 한국 정부에 이의를 제기한 나라가 있었을까요? 전혀 없었습니다. 독도를 평화선 안쪽에 포함한 것은 자국의 영토를 지키려는 당연한 주권 행사였습니다. 일본 출신으로 한국에 귀화한 호사카 유지 교수는 "아직 한일 간 어떤 조약이나 협정이 존재하지 않는 상황에서 평화선을 선포한 것은 어업 약소국인 한국이 정당방위를 실천한 것"이라고 말합니다. 1955년부터 독도경비대가 독도에 상주

한 것은 실효적 지배를 위한 주권 행사였습니다. 분한 만큼 말이 거칠어진다더니, 당신네 외무성 홈페이지에서 '이승만 라인'을 비판하는 어조가 유독 심하더군요.

일본인의 반박: 한국이 불법 점거했기 때문입니다. 일본은 다케시마에 대해 한국이 어떤 조치를 취할 때마다 엄중한 항의를 거듭하는 동시에 그 철회를 요구하고 있습니다.

한국인의 2차 반박: 독도에 대해 당신들은 늘 '항의'나 '요구' 등 똑같은 패턴의 행동을 반복할 수밖에 없을 겁니다. 왜 그런지 아십니까? 1965년 한일 국교 정상화 당시 끝내 독도 문제를 의제에 올리지 않았기 때문입니다. 1965년 6월 22일에 발표된 '분쟁 해결에 관한 교환 공문'은 "양국 간의 분쟁은 우선 외교상의 경로를 통하여 해결하기로 하며, 이에 의하여 해결할 수 없을 경우에는 양국 정부가 합의하는 조정 절차 또는 중재 절차에 의하여 그 해결을 도모하기로 한다"고 했습니다. 무슨 의미인지 아시겠습니까? 독도 문제는 한국측의 동의 없이는 조정이나 중재조차 할 수 없다는 뜻입니다. 명백한 대한민국 영토인 독도가 '분쟁의 주제'가 될 수 없다는 것이죠. 그래서 "1965년 6월 22일에 일본 정부는 사실상 독도 영유를 포기했다"는 말이 나오는 것입니다.

자, 아까 뭐라고 하셨습니까? 한국의 독도 점거가 독도의 영유권을 지닌 일본의 입장에 비춰 결코 용인될 수 없는 것이라고요? 아니요, 그게 아닙니다. 제가 다시 말씀드리겠습니다. 일본의 독도 영유 억지 주장은 명백한 자국 영토인 독도의 영유권을 지닌 한국의 입장에 비춰 결코 용인될 수 없는 것입니다! 무슨 말씀인지 이해하시겠습니까?

⑩국제사법재판소 제소를 왜 거부하느냐고?

일본인의 주장: 일본은 다케시마 문제를 평화적으로 해결하기 위해 1954년, 1962년, 2012년에 모두 세 차례 이 문제를 국제사법재판소ICJ에 회부할 것을 제안했지만 한국은 번번이 거부했습니다. 공정한 판정을 받고 오랜 세월 이어온 분쟁을 해결하자는 것인데 왜 거부하는 겁니까? 왜, 자신이 없습니까? 너무 비겁한 것 아닌가요?

한국인의 반박: 독도가 대한민국의 영토인 것은 울릉도와 제주도와 여의도가 한국의 영토인 것과 하나도 다를 바 없습니다. 대한민국의 주권이 100퍼센트 미치는 멀쩡한 영토를 왜 국제사법재판소에 가지고 가야 합니까? 만약 울릉도나 제주도에도 일본측이 그런 제의를 한다면 받아들여야 합니까? 그걸 받아들이는 것 자체가 독도가 분쟁 지역임을 인정하는 것인데, 한국이 왜 그걸 인정해야 합니까? '분쟁 도서'란 실제로 영유권이 모호한 상태인 섬을 말하는 것입니다. 독도처럼

명백히 대한민국이 실질적인 주권을 행사하는 섬을 이르는 말이 아닙니다. 이 문제에 관한 한국의 공식 입장은 이렇습니다. "독도는 역사·지리·국제법적으로 명백한 대한민국 고유의 영토로, 현재 대한민국은 독도에 대해 입법·행정·사법적으로 확고한 영토 주권을 행사하고 있다. 따라서 독도는 외교 교섭이나 사법적 해결의 대상이 될 수 없다. 일본 정부의 제의는 사법 절차를 가장한 또다른 허위의 시도에 불과하다. 독도는 일본의 한국 침략의 최초 희생물이다. 독도에 대한 일본의 비합리적이고 끈질긴 주장은 한국민들로 하여금 일본이 다시금 한국 침략을 시도하는 것인지 의심하게 한다." 자, 이렇게 생각해봅시다. 만약 한국이 '대마도가 누구 땅인지 국제사법재판소에 회부해보자'고 제의한다면 일본은 어떤 반응을 보일 겁니까?

일본인: (머리끝까지 화가 난 표정으로 일어서서 나간다.)

한국인: 가시면서 제 말 좀 들어보세요. 이제 독도가 누구 땅인지 알았으면, 그리고 정말로 동북아의 평화를 아주 조금이라도 생각한다면, 다시는 '다케시마'라는 말은 꺼내지도 마세요! 동해 한복판에 그런 이름을 가진 섬은 없습니다. 대한민국 독도가 있을 뿐이죠! 당신들의 진짜 목적이 울릉도 침탈이라는 거 다 알고 있습니다. 그다음은 어딥니까, 한반도 재침략입니까? 꿈도 꾸지 마세요! 아셨죠? 안녕히 가세요.

독도를 빼앗기면, 그다음은 울릉도다

오래전에 한 대학 후배가 기자 시험에 합격하고 나서 기쁨에 겨워 이런 말을 한 적이 있다. "이제 나는 독도 같은 작은 섬을 가지고 일본과 다투는 일이 우습다는 것 정도는 알게 됐다." '편협한 민족주의에서 벗어나겠다'는 뜻으로 한 말일 테지만, 오래도록 마음에 걸렸다. 1997년 송능한 감독의 한국 영화 〈넘버 3〉에서도 독도 논쟁 자체를 비웃는 것 같은 장면이 나온다. 한국과 일본의 조직폭력배들이 술을 마시다 갑자기 '독도는 누구네 땅이냐'를 놓고 치고받고 싸움을 벌인다.

'그깟 작은 섬'이라는 반응은 20세기 한국과 일본, 미국의 당국자들 입에서 이미 숱하게 나왔다. "황량한 불모의 암초", "쓸모없는 섬", "히비야 공원만 한 섬", "아예 폭파해버리면 좋겠다" 운운하는 말이 난무했다. 정말 독도는 그저 '그깟 작은 섬'에 불과한가?

2018년 섬 전체가 '다케시마(독도) 선전장'처럼 돼버린 일본 시마네현의 오키 섬에 취재를 갔다. 선착장 주차장에 쓰인 선전 문구는 '돌아오라 다케시마, 섬과 바다'였다. 말이 되지 않는 일본측의 독도 영유권 주장이지만, 다른 이유로 무릎을 탁 쳤다. '섬과 바다.' 그렇다. 오키 섬에서 저 간판을 세운 사람들은 독도를 얻으면 주변의 넓은 바다 또한 얻게 된다는 사실을 인지하고 있었다.

단순 계산으로도, 섬 하나로 주변의 영해가 12해리, 그러니까 22.2킬로미터 더 멀어지는 해역의 광대한 바다다. 그 바다에서 얻는 자원은 '오징어, 꼴뚜기, 대구, 명태, 거북이' 정도를 넘어선다. LNG로 환산하면 500만 톤에 이르는 천연가스와, 미래 자원인 메탄 하이드레이트가 독도 인근 바다에 있다. 독도 주변 해저에는 현재 전량을 해외에서 수입하는 인산염 광물이 부존돼 있다. 수심이 200미터보다 깊은 곳에 존재하는 동해의 심층수는 그 자체가 중요한 수자원이다. 한마디로 그 가치를 가늠하기 어려운 미래 자원의 보고寶庫가 바로 이 바다다.

바다 밑에 있다 뿐이지 해저면으로부터 2270미터나 솟은 거대한 규모의 산악 꼭대기 부분이 독도다. 동해 한복판, 연해주와 대한해협을 남북으로 잇고 한반도와 일본 열도를 동서로 잇는 십자로의 가운데에 자리잡은 독도는 전략적인 요충지이기도 하다. 러일전쟁의 해전이 그 부근에서 벌어졌고, 2019년 7월 23일 러시아 전투기가 침범한 한국 영공도 바로 독도 상공이었다.

그깟 작은 섬?

그 가치를 따지자면 실로 어마어마한 보물 같은 섬이다.

더 중요한 사실이 있다.

'독도가 일본의 고유 영토'라는 일본측의 논리를 그대로 따라가면 '울릉도 역시 일본 땅'이라는 결론에 이르게 된다는 것이다.

1905년 시마네현의 독도 불법 편입 전까지 한국과 일본의 자료에서 '독도'는 결코 홀로 선 섬으로 묘사되지 않았다. '무릉도와 우산도'였든 '송도와 죽도'였든 항상 울릉도와 쌍으로 등장하는, 울릉도의 부속 섬이었다. 일본이 '도해 면허'를 발급받아 이 해역에서 어업 활동을 했다면 그 무대는 독도에 국한되지 않는다. 안용복 사건 때도 조선과 일본 간 논의의 초점은 독도가 아니라 울릉도에 있었다. 1883년 고종의 개척령이 없었더라면 1905년 일본 영토에 '편입'된 것은 독도뿐 아니라 '울릉도와 독도'였을지도 모른다.

이것은 그저 추측에 그치는 상황이 아니다. 1947년 일본이 제작해 해외에 배포한 팸플릿 「일본 본토에 인접한 작은 섬」은 "한국 정부는 15세기 이래로 울릉도를 실질적으로 포기했고, 도요토미 히데요시 이래 이 섬은 모든 면에서 일본 어업 기지로 남아 있었다"며 울릉도가 일본 영토라고 선전했다. 임진왜란 때 일본 땅이 됐으니 울릉도가 고유 영토라니! 지금은 이런 논리까지는 내세우지 않고 있지만, 현재 일본 외무성 홈페이지에 올라 있는 2014년판 팸플릿 '다케시마 문제에 관한 10개의 포인트'는 "당시 막부는 울릉도나 다케시마(독도)를 외국 영토로 인식하지 않았다"는 말을 버젓이 올려놓고 있다. 은연중 속마음을 노출한 것이다.

다시 강조하지만, 일본 '독도 영유론'의 최종 목표는 울릉도였다. 이것은 결국 언젠가 '한반도 재침략'을 이루겠다는 큰 그림의 일부일지도 모른다. 19세기 이른바 '정한론'으로 야기된 침략의 첫발이 1905년 독도 침략이었던 것처럼 말이다.

결국 독도 문제는 '편협한 민족주의의 자존심 대결'이 아니라 '제국주의 침략의 부활을 막고 동아시아의 평화를 지키는 일'이 된다. '일본의 양심'으로 불리는 와다 하루키和田春樹 도쿄대 명예교수는 2013년 "이룰 전망이 없는 독도 영유권 주장을 일본이 계속하는 것은 한일 관계를 더 악화시키는 어리석음의 극치"라며 "일본의 도쿄(독도) 주권 주장을 단념하는 것은 빠를수록 좋다"고 했다. 하지만 아베 정부의 정책 입안자들은 이 고언을 전혀 받아들이지 않는 것 같다.

독도의 역사에서 우리측으로선 무척 아픈 부분이 있다.

1953년 대한민국 정부의 '독도순라반'이 정기적으로 독도를 순찰할 때까지, 우리 조정이나 정부에서 독도에 관원을 파견해 상륙했다는 기록이 없다(그런 기록이 존재했더라면 독도가 일본 땅이라는 목소리 자체가 쑥 들어갔을 것이다). 그저 '일본도 인정한 우리 영토'로 여기고 방심했던 것이다. 바로 이 점을 파고든 일본은 '17세기에 도해 면허를 받아 어업 활동을 했다', '20세기 초에 독도에서 강치 잡이를 했다'며 1905년 시마네현의 불법 편입 이전에 한국이 독도 영유권을 확보한 적이 없다고 주장한다. 1900년의 '칙령 제41호'가 조금만 늦게 나왔어도 한국측은 아주 불리한 처지에 놓였을 것이다.

영토의 '실효적 지배'가 어떤 중요성을 지니고 있는지는 최근 서해상 함박도의 경우를 봐도 잘 알 수 있다. 눈뜨고 영토를 빼앗기는 것처럼 국가 차원에서 행할 수 있는 어리석은 일도 드물 것이다.

한국과 일본은 갈등을 극복하고 협력해야 한다. 영영 과거사의 멍에에 발목을 잡힌 채 살아갈 수는 없다. 하지만 '독도 영유론'이라는 분란과 침략의 불씨를 안고서는 함께 가더라도 멀리 나아갈 수 없다. 일본에 갈등 극복과 협력을 기대하기 어렵다면, 우리는 과연 어떻게 해야 하는가?

〈뉴욕타임스〉 광고 등으로 독도 홍보 운동을 벌이던 가수 김장훈을 2013년에 만나 인터뷰한 적이 있다. 왜 자꾸 국제적인 홍보를 해서 독도를 분쟁 지역인 듯 만드느냐고 질문했더니 그가 이렇게 대답했다. 좀 미안한 말이지만 그의 논리는 의외로 정연했다. 독도 문제에 대해 상당히 많은 시간과 노력을 들여 고민한 흔적이 보였다.

"정부는 조용한 외교를 하는 게 맞는 거다. 하지만 민간에서는 정말 치밀하고 꾸준하게 독도 교육과 운동을 해야 한다. 한번 생각해봐라. 우리가 손놓고 있는 사이에 전 세계 문서나 사이트에서 '독도'와 '동해'

는 '다케시마'와 '일본해'로 둔갑했다. 만약 누가 '김장훈 나쁜 놈'이라고 계속 떠들고 다닌다고 치자. 가만있어야 하나? 최소한 다른 사람들한테 '내가 왜 나쁜 놈이 아닌지'는 설명해야 하지 않겠나?"

그는 이런 말도 했다.

"'독도가 왜 한국 땅이냐'고 누가 물어봤을 때 뭐라고 대답해야 하나? 그냥 우리 땅이라고만 하지, 논리적 근거를 대는 사람이 얼마나 있나? 전 국민의 논리적 무장이 필요하다. 중요한 것은 이게 결국 한일 간 싸움이 아니라는 거다. 누가 국제 사회 제3자를 제대로 설득할 수 있느냐 하는 싸움이다. 자, 한번 보자. 1905년 일본 시마네현의 독도 편입은 우리 외교권을 뺏기 직전에 이뤄진 침략 코스 아닌가? 이런 걸 제대로 지적해야 한다. 이 싸움에서는 흥분하거나 욕을 하는 쪽이 반드시 진다."

그의 말에 모두 동의할 수는 없었으나, '독도 운동은 흥분하는 쪽이 반드시 지는 논리 싸움'이라는 말에 대해서만큼은 고개를 크게 끄덕일 수밖에 없었다.

그렇다. 우리는 일본과의 '독도 논쟁'에서 반드시 이길 필요가 있다.

그렇다면 독도가 왜 우리 땅이며 왜 일본 땅이 아닌지, 왜 이것이 그저 '작은 섬'을 둘러싼 편협한 민족주의 싸움이 아닌지, 왜 일본의 독도 주장이 미래의 재침략이라는 큰 그림의 일부가 되는 위험성을 안고 있는지 알아야 하고, 알려야 한다. 흥분하지 말고, 분노하지 말고, 옆길로 새지도 말고.

512년 (6월) 신라 하슬라주 군주 이사부, 울릉도와 독도의 두 섬으로 이뤄진 우산국을 복속. 독도가 한국사에 편입됨.

1145년 고려 김부식, 『삼국사기』 「신라본기」 지증왕 13년 조에 우산국 복속 사실을 기록.

1416년 (9월 2일) 조선 태종, 김인우를 안무사로 임명, 울릉도에서 주민을 데리고 나오게 함.

1417년 (2월 5일) 김인우가 울릉도의 거주민을 데리고 나옴.
(2월 8일) 공조판서 황희의 건의를 받아들여 쇄환 정책 확정. 울릉도와 독도에 주민 거주 금지.

1454년 『세종실록지리지』 편찬. '무릉도(울릉도)와 우산도(독도)는 서로 거리가 멀지 않아 날씨가 맑으면 바라볼 수 있다'고 기록.

1499년 『동국여지승람』 '강원도'에 우산도와 울릉도 기록.

1531년 『신증동국여지승람』에 수록된 〈팔도총도〉에서 우산도를 울릉도 서쪽에 표기.

1618년 또는 1625년 에도 막부, 호키 태수에게 오야가家와 무라카와가의 '다케시마(울릉도) 도해 면허'를 줌.

1659년 조선 실학자 박세당 『서계잡록』 발간. 이 책의 「울릉도」에서 '우산도는 날씨가 매우 맑지 않거나 최고 정상에 오르지 않으면 울릉도에서 보이지 않는다'고 기록.

1667년 일본 마쓰에번의 사이토 호센, 오키 섬에 파견돼 조사한 뒤 쓴 「은

주시청합기」에서 일본의 서쪽 한계를 오키 섬으로 기술해 울릉도와 독도를 일본 영토에서 제외.

1693년 (3월) 안용복 1차 도일. 조선과 일본의 '울릉도 쟁계' 시작.

1694년 (9월 19일~10월 3일) 삼척영장 장한상, 울릉도를 조사하고 와 독도를 포함한 조사 결과를 복명.

1696년 (1월 28일) 일본, '다케시마 도해 면허'를 폐기하는 '다케시마 도해 금지령'으로 울릉도가 조선의 영토임을 인정.

(5월 15일) 안용복, 울릉도와 독도의 일본 어선을 내쫓음. 이후 일본으로 가 울릉도와 자산도(독도)가 조선 강원도 소속의 섬임을 밝힘.

(8월 1일) 에도에서 돌아온 돗토리 번주가 오야·무라카와 가문에 '다케시마 도해 금지령'을 전달.

(10월) 쓰시마번, 조선에 '다케시마 도해 금지령'의 내용을 공식 전달. '울릉도 쟁계'는 울릉도와 독도가 조선 땅임을 인정하는 것으로 끝남.

1697년 (4월) 조선 조정, 울릉도에 3년마다 정기적으로 수토관을 보내 조사하고 관리할 것을 결정.

1740년대 정상기의 〈동국지도〉에서 우산도를 울릉도 동쪽에 표기.

1756년 신경준, 『동국문헌비고』의 '지리지' 부분을 맡아 우산도가 일본이 말하는 '송도松島'임을 밝힘.

1779년 일본 나가쿠보 세키스이의 〈개정 일본여지노정전도〉에서 울릉도와 독도를 일본의 경위도선 밖에 조선 본토와 같은 무채색으로 그려 두 섬이 조선 영토임을 밝힘.

1785년 일본 하야시 시헤이, 〈삼국접양지도〉에서 울릉도와 독도를 조선 영토로 표기.

1836년 일본 에도 막부, 도해 금지령을 무시하고 울릉도에 간 하마다번의 이마즈야 하치에몬을 처형.

1849년 (1월 27일) 프랑스 포경선 리앙쿠르호, 독도를 발견하고 '리앙쿠르 암'이라 명명.

1855년 (4월) 영국 군함 호넷, 독도를 관찰하고 '호넷 암'이라 명명.

1870년 (4월) 조선에 파견됐던 일본 외무성 공무원들이 '다케시마(울릉도)와 마쓰시마(독도)가 조선에 부속하게 된 경위'를 수록한 「조선국 교제시말내탐서」 제출.

1876년 일본 육군성 참모국 〈조선전도〉 작성. 독도를 조선 영토 '송도松島'로 표기. 일본 해군성 수로국 〈조선동해안도〉 작성. 독도를 조선 영토로 표기.

1877년 (3월 29일) 메이지 시대 일본 국가 최고 기관 태정관, "다케시마(울릉도) 외 한 섬(독도)은 본방(일본)과 관계없음을 명심할 것"이라는 내용의 「태정관 지령」을 내무성에 보냄.

1882년 (6월 5일) 울릉도검찰사로 파견됐던 이규원이 돌아와 울릉도 개척을 건의.

1883년 개척령으로 울릉도에 다시 조선 주민이 살게 됨. 두 차례에 걸쳐 16호 54명이 울릉도 입도. 이후 1900년에는 400호 1700명으로 증가.

1894년 (9월 3일) 프랑스 신문 〈르 프티 주르날〉, 독도 동쪽에 조선과 일본의 경계를 그린 지도 게재.

1900년 (10월 25일) 대한제국, '칙령 제41호'를 승인. 울도(울릉도)군수의 관할 지역이 '울릉 전도全島'와 '죽도', '석도石島(독도)'라고 규정함.

1902년 (4월) 대한제국 내부에서 울도군의 행정 지침 '울도군 절목'을 내림.

1903년 (4월 20일) 울도군수 심흥택 부임.

(5월) 일본 시마네현 수산업자 나카이 요자부로, 울릉도에서 독도로 출어.

1904년 (2월 8일) 러일전쟁 발발.

(2월 23일) '한일의정서(갑진늑약)' 체결. 4조에서 일본군은 군략상 필요한 경우 한국의 영토를 '수용'할 수 있다고 해 한반도 영토 침략의 길을 엶.

(9월 2일) 일본 해군, 울릉도에 망루를 건설하고 활동 개시.

(9월 25일) 일본 해군, 죽변만과 울릉도 망루를 연결하는 해저 케이블 부설 완료. 같은 날 일본 해군 니타카함의 「행동일지」에서 독도에 대해 "한국인들은 이 섬을 '독도', 일본 어부들은 량코 섬이라 부른다"고 기록.

(9월 29일) 나카이 요자부로, '량코도(독도) 영토 편입 대하원'을 일본 내무성·외무성·농상무성에 제출.

1905년 (1월 28일) 일본 각의, 내무성의 청의를 받아들여 독도를 '무인도로서 시마네현 오키 도서의 관할 아래 둔다'고 일방적으로 결정.

(2월 22일) 시마네현, 현보를 통해 '고시 제40호'로 량코도(독도)의 영토 편입을 고시.

(6월 5일) 시마네현, 나카이 요자부로 외 3명에게 독도 강치 어업을 허가.

(7월 22일) 일본 해군 소속 인부 38명, 독도에 상륙해 망루를 건설.

(8월 19일) 시마네현 지사 마쓰나가 다케요시, 수행원 3명과 해군선 '교토호'에 타고 독도를 '시찰'.

(9월 5일) 러시아와 일본, 포츠머스 조약 체결. 러일전쟁이 일본의 승리로 끝남.

(11월 17일) 을사늑약 체결. 대한제국의 외교권이 박탈되고 일본에서 통감이 파견됨.

1906년 (3월 28일) 독도를 조사한 일본 시찰단이 울도군수 심흥택을 방문해 독도가 일본 영토로 '편입'됐음을 통보. 심흥택은 이 사실을 다음 날 강원도관찰사 서리 이명래에게 보고.

	(5월 1일) 〈대한매일신보〉가 심흥택의 보고와 이에 대한 내부 지령을 보도.
	(5월 20일) 의정부 참정대신 박제순, 강원도관찰사에게 보낸 지령에서 독도가 일본 영지가 됐다는 것을 부인함.
1910년	(8월 29일) 한일강제병합(경술국치), 대한제국 멸망.
1928년	일본 도쿄학습사의 초중등 역사 교과서 『소학국사회도』 초판 발간. 울릉도와 독도를 조선과 같은 색깔로 표시하고 독도를 '리앙쿠르 섬(다케시마)'이라고 표기.
1936년	일본 육군 참모본부 육지측량부의 〈지도구역일람도〉에서 독도를 '조선 구역'에 표시함.
1943년	(11월 27일) 카이로 선언. 연합국 3국, 적절한 시기에 한국을 독립시킬 것을 선언. 일본이 폭력 및 탐욕에 의해 탈취한 모든 지역으로부터 일본 세력을 축출한다는 것을 밝힘.
1945년	(7월 26일) 포츠담 선언 제8항에서 "카이로 선언의 모든 조항은 이행돼야 하며, 일본의 주권은 혼슈, 홋카이도, 규슈, 시코쿠와 장래 연합국이 결정하는 작은 섬들에 국한될 것"으로 명시.
	(8월 15일) 일본, 포츠담 선언을 수락하고 항복. 한국, 식민지에서 해방되고 광복을 맞음.
1946년	(1월 29일) 연합국 최고사령부, 지령 「SCAPIN 677호」를 통해 독도를 일본 영토에서 제외하고 사실상 한국(미군정)에 반환.
	(6월 22일) 연합국 최고사령부, 「SCAPIN 1033호」로 일명 '맥아더 라인'을 설정해 일본인이 독도에서 고기잡이하는 것을 금지.
1947년	(8월 5일) 미국이 샌프란시스코 강화 조약 초안에서 독도를 한국령으로 기술함.
	(8월 16~25일) 한국산악회 주최로 울릉도와 독도에 학술조사단 파견.
1948년	(6월 8일) 미 극동항공대사령부 소속 공군기의 독도 폭격으로 한

국 어민 14명 사망.

(8월 15일) 대한민국 정부 수립. 독도에 '경상북도 울릉군 남면 도동 1번지' 주소 부여.

1949년 (12월 29일) 미국 샌프란시스코 강화 조약 초안, 독도를 한국령에서 일본령으로 바꿔 기술.

1950년 (8월 7일) 미국 샌프란시스코 강화 조약 초안, 독도에 대한 기술 삭제.

1951년 (2월 13일) 일본 정부가 발표한 법령 '대장성령 4호', 독도를 일본 영토에서 제외.

(6월 6일) 일본 정부, '총리 부령 24호'에서 독도를 일본 영토에서 제외.

(7월 19일) 양유찬 주미 한국대사, 미 국무성에 '일본이 포기하는 영토에 독도를 포함할 것' 등 5항목 요구.

(8월 10일) 미국, 양유찬 대사에게 국무차관보 딘 러스크의 「러스크 서한」을 보내 한국의 독도 관련 수정 요구를 거부.

(8월 16일) 샌프란시스코 강화 조약 최종 초안, 독도에 대한 기술이 빠짐.

(9월 8일) 샌프란시스코 강화 조약 조인.

1952년 (1월 18일) 한국 이승만 대통령 '인접 해양에 대한 주권에 관한 선언(해양주권선언)' 발표. '평화선'을 선포하고 독도를 그 안에 둠으로써 독도 영유권 재천명.

(1월 28일) 일본 외무성, 한국의 '해양주권선언'에 대해 항의.

(4월 28일) 샌프란시스코 강화 조약 발효.

(7월 26일) 미일 안전보장조약의 실행을 위해 설립된 미일합동위원회가 독도를 미군의 폭격 훈련 구역으로 지정.

(9월 15일) 미군, 독도 일대에 폭탄 네 발 투척. 이후 한국 정부가 미국측에 독도 폭격에 대해 항의.

1953년 (2월 7일) 미 공군사령관, '연습장에서 독도를 제외한다'는 사실을 한국 정부에 공식 통보.

(4월) 독도의용수비대 창설.

(6월 27일) 시마네현과 일본 해상보안청, '합동 조사' 명목으로 독도 상륙. 한국인 어부 6명을 퇴거시키고 '다케시마'라고 쓴 표지판을 세움.

(7월) 경상북도 울릉경찰서 소속 독도순라반이 독도를 정기적으로 순찰 시작.

(7월 12일) 한국, 일본측이 세운 표지판을 철거. 한국 경관이 독도에 700미터까지 접근한 일본 해상보안청 순시선 헤쿠라호에 퇴거를 요청하고 총격.

(9월 7일) 한국 군함, 평화선을 침범한 일본 어선 3척 나포.

1954년 (7월 29일) 한국 내무부, 독도에 경비대를 상주시키기로 발표.

(8월 10일) 한국, 독도에 무인 등대 운용 시작.

(10월 28일) 한국 정부, 독도 영유권 문제를 국제사법재판소에 위임하자는 일본 정부의 제의를 거부.

1955년 (1월 1일) 울릉경찰서에 특채된 독도의용수비대원 9명이 독도에 상주해 경비를 담당함으로써 '독도경비대' 출범. 한국의 독도 실효적 지배 완성.

1962년 (9월 3일) 제6차 한일회담 제2차 정치회담 예비절충 제4차 회담. 이세키 유지로 일본 외무성 아시아국장이 독도 문제를 회담의 의제로 삼자며 "독도는 무가치한 섬으로 폭파라도 해서 없애버리면 문제가 없을 것"이라고 말함.

(10월 20일) 김종필-오히라 1차 회담 중 김종필 한국 중앙정보부장이 '독도 폭파론'을 제기.

(11월 8일) 한국 박정희 국가재건최고회의 의장, 김종필 중앙정보부장에게 내린 긴급 훈령에서 "일본측에서 독도 문제를 다시 제기

하는 경우에는 한국민에게 일본의 대한對韓 침략의 결과를 상기시킴으로써 회담의 분위기를 경화硬化시킬 우려가 있음을 지적할 것"이라고 지시.

1963년 (1월 11일) 제2차 정치회담 예비절충 제22차 회의에서 일본측이 독도의 '제3국 조정안'을 수용할 의사가 있음을 비침.

1965년 (6월 22일) 한일 기본 조약 조인. 독도 문제는 명시되지 않은 채 '분쟁 해결에 대한 교환 공문'에서 '양국 간의 분쟁은 양국 정부가 합의하는 조정 절차 또는 중재 절차에 의하여 그 해결을 도모하기로 한다'고 결론지음. 이에 따라 한국 정부가 합의하지 않는 한, 독도 문제에서 일본은 조정이나 중재 절차를 밟을 수 없게 됨.

1981년 (10월 14일) 울릉도 주민 최종덕, 최초로 독도에 주민등록 이전.

1982년 (6월 30일) 박인호 작사·작곡, 정광태가 노래한 가요 〈독도는 우리 땅〉이 LP 음반으로 발표됨.

(11월 16일) 한국, 독도를 천연기념물 제336호 해조류 번식지로 지정.

1996년 (4월 29일) 한국, 독도 항만 시설 공사 착공.

1997년 (8월 8일) 독도박물관(관장 이종학), 울릉도에서 개관.

(11월 7일) 독도 접안 시설 완공됨.

1998년 (9월 25일) 신한일어업협정에서 독도 주변의 중간 수역을 '동경 135도 30분 서쪽, 양국 연안으로부터 35해리'로 설정.

1999년 (12월 10일) 독도를 천연기념물 제336호 독도천연보호구역으로 변경 지정.

2003년 (1월 3일) 독도에 우편번호(799-805) 부여.

2005년 (3월 16일) 일본 시마네현, 2월 22일을 '다케시마의 날'로 하는 조례 제정.

(3월 24일) 한국 정부, 독도 입도를 허가제에서 신고제로 바꾸고 하루 독도 방문 가능 인원을 70명에서 141명으로 늘림.

2008년 (7월 14일) 일본 정부 『중학교 사회과목 새 학습지도요령 해설서』에 '다케시마(독도) 영유권'을 주장하는 기술 넣음.

2010년 (10월 14일) 한국교원단체총연합회, 대한제국 '칙령 제41호' 제정 110주년을 맞아 10월 25일을 '독도의 날'로 정함.

2011년 (6월 15일) 한국 행정안전부, 독도에 새 도로명주소인 '독도이사부길'(동도)과 '독도안용복길'(서도)을 부여.

2012년 (8월 10일) 한국 이명박 대통령, 현직 대통령으로서는 처음으로 독도 방문.

2013년 (10월 25일) 한국, 독도 방어 훈련 실시.

2019년 (7월 23일) 러시아 군용기가 독도 영공 침범. 한국 공군은 경고 사격 대응.

(9월 27일) 일본 정부, 유사시 독도 상공에 자위대 전투기를 긴급 발진시킬 수 있다는 내용이 포함된 『방위백서』 발표.

(10월 1일) 한국 공군, 국군의 날을 맞아 주력기인 F-15K를 독도 영공에 출격시킴.

독도 공부
한 권으로 읽는 독도 논쟁의 모든 것

1판 1쇄 인쇄 2019년 10월 21일
1판 1쇄 발행 2019년 10월 31일

지은이 유석재 | 펴낸이 신정민

편집 신정민 | 디자인 엄자영 이주영
마케팅 정민호 정현민 김도윤 | 홍보 김희숙 김상만 오혜림 지문희 우상희
저작권 한문숙 김지영 | 모니터링 양은희 이희연 황지연
제작 강신은 김동욱 임현식 | 제작처 영신사

펴낸곳 (주)교유당
출판등록 2019년 5월 24일 제406-2019-000052호

주소 10881 경기도 파주시 회동길 210
문의전화 031) 955-8891(마케팅), 031) 955-3583(편집)
팩스 031) 955-8855
전자우편 gyoyuseoga@naver.com

ISBN 979-11-90277-14-3 03910

* 교유서가는 (주)교유당의 인문 브랜드입니다.
이 책의 판권은 지은이와 교유서가에 있습니다.
이 책 내용의 전부 또는 일부를 재사용하려면 반드시 양측의 서면 동의를 받아야 합니다.
* 이 도서의 국립중앙도서관 출판예정도서목록(CIP)은 서지정보유통지원시스템 홈페이지(http://seoji.nl.go.kr)와 국가자료공동목록시스템(http://www.nl.go.kr/kolisnet)에서 이용하실 수 있습니다. (CIP제어번호: CIP2019042477)